동물들의 위대한 법정

LE GRAND PROCÈS DES ANIMAUX

Originally published in French as Le Grand procès des animaux in 2021 by Éditions du
Faubourg, Copyright © 2021 by Jean-Luc Porquet (text) and Jacek Wozniak (illustrations).
Graphic design by Adelina Kulmakhanova.
This edition published by arrangement with Éditions du Faubourg in conjunction with their
duly appointed agent Agence Deborah Druba, Paris, France and Greenbook Agency, South
Korea. All rights reserved.
Korean Translation copyright © 2022, Booksea Publishing Co.

동물들의 위대한 법정
지구공동생활자를 위한 짧은 우화: 동물의 존재 이유를 묻는 우아한 공방

초판 1쇄 발행 2022년 9월 25일
초판 4쇄 발행 2024년 9월 10일

지은이   장 뤽 포르케
그린이   야체크 위즈니악
옮긴이   장한라
펴낸이   이영선
책임편집   이현정

편집   이일규 김선정 김문정 김종훈 이민재 이현정
디자인   김회량 위수연
독자본부   김일신 손미경 정혜영 김연수 김민수 박정래 김인환

펴낸곳 서해문집 | 출판등록 1989년 3월 16일(제406-2005-000047호)
주소 경기도 파주시 광인사길 217(파주출판도시)
전화 (031)955-7470 | 팩스 (031)955-7469
홈페이지 www.booksea.co.kr | 이메일 shmj21@hanmail.net

ISBN 979-11-92085-37-1 03300

이 책의 내지는 고지율 30% 재생용지입니다.

동물들의 위대한 법정

지구공동생활자를 위한 짧은 우화
동물의 존재 이유를 묻는 우아한 공방

장 뤽 포르케 지음
야체크 워즈니악 그림
장한라 옮김
에마뉘엘 하이직 기획

서해문집

차례

머리말
인간이 왜 당신 종에 신경 써야 합니까? · 6

참고문헌 · 196

인간이 왜 당신 종에
신경 써야 합니까?

트로쉬 고문은 머릿속에 아이디어가 떠오르자마자 이런 생각을 진즉에 떠올리지 못한 게 아쉬웠다. 정말이지 분명하고, 단순하고, 기발한 아이디어였다. 한 마디로 말해 반박할 수 없는 아이디어였다. 그는 곧바로 비공식-비밀-코드를 눌러 대통령에게 연락했다.

— 떠올랐습니다! 재판을 여는 겁니다. 엄청난 볼거리가 될 겁니다. 전 세계 카메라들이 지켜볼 거라고요. 동물들을 쭉 불러 세우는 겁니다. 그리고 저마다 자신의 종이 왜 보호받아야 하는지를 설명해야 합니다. 인간이 왜 그 종의 영역, 서식지, 생태계를 보호하느라 애써야만 하는지를요. 예전

에 커다란 캠페인이 일어났었죠. 한 세기 안에 사라질 위기에 처한 모든 종을 구할 수는 없다며 여기저기서 거듭 얘기했습니다. 멸종 위기종이 100만도 넘는 이상 돈이 엄청나게 깨질 겁니다. 인류는 선택을 할 수밖에 없어요. 그러니 이 재판을 꾸리면 인간에게, 또 동물들에게 좋습니다. 지구 온난화와 공해, 오염, 인공적으로 변해 가는 상황을 설명하면서….

— 그래요, 여섯 번째 대멸종은 알고 있습니다. 지난주 유치원에 가서 제가 한 건 했던 거 기억하시죠. 꼬맹이 녀석들, 전부 다 속아 넘어갔다고요! 그래, 환경 운동가들이 들고일어나지 않으리라는 건 확실합니까?

— 옴짝달싹 못할 겁니다. 우리는 동물들에게 목소리를 주는 거니까요. 환경 운동가들이 반대를 할 수가 없죠. 동물을 인간과 같은 지위로 끌어올리고, 똑같은 권리를 주는 것인데요…. 이보다 더 잘 대접할 수는 없습니다.

— 재판관으로는 누굴 생각하고 있습니까?

— 노트바르입니다. 딱일 겁니다. 겉으로는 무던해 보이지만, 속은 강단이 있으니까요. 여우처럼 교활하기도 하고요.

— 하하. 좋습니다. 공문이나 하나 보내 주세요. 그럼 이만.

*

대통령에겐 돌파구가 되어 준 재판이었다. 그는 이미 오래전부터 환경 보호론자들에게 계속 공격받고 있었다. 동물들이 멸종 위기에 처하지 않도록 자연 보호 구역을 늘리겠다고 약속했지만 약속을 하면 할수록 환경 보호론자들은 성을 냈다. 보호하겠답시고 정해 둔 구역에서 인간이 끝도 없이 사냥하고, 건물을 짓고, 살충제를 친다는 게 그 사람들 주장이었다. 동물들에게 정말로 호의적인 국민은 실제로 1퍼센트뿐이었다. 딱 한 줌이었고, 결코 이보다 많지 않았다. 어떤 이들은 한 발 더 나아가 이런 소리도 했다. 인간 사회가 자연의 일부를 보호하는 척하고는, 나머지 지역은 죄다 파괴한다고. 그 사람들 얘기대로라면 전부 뜯어고치고 사회를 처음부터 다시 일으켜 세워야 했다. 정신 나간 작자들

같으니! 대통령은 생각했다. 내가 뭘 하건 절대로 성에 안 차겠지. 출구 전략이 필요한데. 다행히 트로쉬 고문이 대통령을 구해 줄 만한 아이디어를 떠올렸다.

딱 한 가지 놓친 점은 있지만. 트로쉬의 지금 아이디어는 반절만 하다가 관두는 격이었다. 법에 호소하는 건 좋았다. 그러나 재판관에게만 맡겨서는 안 된다. 회피하는 것처럼 보일 테니까. 책임을 피하는 수단처럼 말이다. 최종 결정은 국민에게 넘겨야 했다. 대통령은 트로쉬에게 전화를 걸었다.

*

— 재판은 중죄 재판으로 치러야 합니다. 결단을 내리는 건 배심원입니다. 동물들을 한가득 법원에 출두시키죠. 대강 셈해 보자면, 우리가 구할 수 있는 건 열에 하나꼴 아닙니까? 그러니 제일 순위가 높은 동물이 이기는 거죠! 나머지 아홉은 없애고요. 마지막에는 사람들이 투표를 하는 겁니다. SMS로든, 전화로든, 이메일로든, 뭐든지요. 대규모 공개 퀴즈 쇼처럼 되겠죠. 이 집 저 집에서 치열한 토론이 벌어지겠지만, 결국은 지칠 겁니다. 그럴 때 치고 나가면 되죠.

우리가 이길 겁니다.

— 끝내줍니다아아!

— 흠, 담당은 누구죠?

*

사흘 뒤, 대통령은 국민을 향해 이런 공식 트윗을 보낸다.
"국가가 파산하지 않는 이상, 우리의 동물 친구 모두를 구할
방법이 없습니다. 그렇지만 전 모든 동물을 좋아합니다. 이
를 증명하고자, 인간의 법정 앞에서 자신을 변호할 권리를
동물들에게 부여합니다. 다음 주 월요일, 여러분이 보시는
화면 앞에 모든 것이 펼쳐질 겁니다! 바로 여러분이, 오직 여
러분만이, 동물들의 운명을 결정할 겁니다."
이 재판으로 모든 게 정리될 터였다.

*

노트바르가 두 번 재채기를 한다. 그러고는 눈을 들어 위를 본다. 또 시작이다. 냉방기가 다시 고장 났다. 법원은 늘 너무 춥거나 더웠고, 절대로 적당한 온도를 유지하는 법이 없었다. 바깥은 무덥다. 11월 중순인데 말이다! 이제 보니 지구 온난화는 농담이 아니었다. 이대로 냉방 없이 며칠은 지내야 한다는 소리다. 동물들이 죄다 내 앞으로 출두하다니, 어휴. 배석 판사 둘을 바라본다. 냉방기를 고칠 만한 사람들은 아니다. 참아야 할 거다. 얼굴을 덮은 메이크업을 손가락으로 조심스레 톡톡 친다. 재판이 끝날 때까지는 버텨 줬으면 좋겠다. 땀이 너무 난다고 생각한다. 법정에는 사람들이 그득하다. 카메라는 전부 노트바르를 향해 있다. 기술자들은 분주하게 움직인다. 프로젝터를 설치하느라 여념이 없다. 재판은 최근에 뜨고 있는 정보 채널인 '블라블라TV'로 생중계될 거다. 자, 집중, 1분 뒤면 시작한다. 이번 기회가 아니면 절대로 눈에 띌 수 없다. 경찰 두 명이 호위하는 가운데, 수리부엉이가 법정으로 들어선다.

수리부엉이

대자연은 자비가 없어요

노트바르 재판장 수리부엉이. 라틴어 명칭은 *Bubo bubo.*
서식지는 접근하기 어려운 지역, 암벽, 가파른 낭떠러지, 속
이 빈 나무. 말씀하시죠.

수리부엉이는 잠시 말이 없다가, 갑자기 운을 뗀다 제가
왜 여기 와 있는지 모르겠습니다.

재판장이 번드르르한 말을 늘어놓는다 자… 당신 종은 멸
종 위기에 처해 있습니다. 왜 우리는 당신들을 위해 수많은
돈을 써야 할까요? 왜 인간이 다른 종보다 당신 종에게 더
많이 신경 써야 할까요? 당신 종은 인간에게 쓸모가 있나

요? 인류에게 무언가를 가져다주시는 건가요? 우리 인간에게 자원이 되어 주실 수 있나요? 그래서 말씀을 들어 보려는 겁니다. 인간들 수백만 명이 당신의 얘기를 듣고 있어요. 이 기회를 잡아 보시죠.

수리부엉이　저더러 숙이고 들어가서 제 입장을 변호하라고요? 장난하십니까? 당신네 선조들은 절 두려워했다고요. 저는 전사입니다. 맹금류고, 야행성

이죠. 어둠 속에서 날갯짓 한 번으로 날아오릅니다. 인간 입장에서 보면 거대하죠. 우는 소리는 멀리까지 이릅니다. 그 소리에 주변이 떨죠. 청각은 상상을 초월합니다. 전부 다 들어요. 설치류가 가장 조심스럽게 움직이는 소리도, 멀리서 누군가 아주 살짝 날갯짓하는 소리도 듣습니다. 그리고 대낮처럼 훤히 다 보죠. 어느 누구도 절 피하지 못합니다. 사슴, 여우, 심지어 매도요. 제 눈은 인간의 눈보다 빛에 100배는 더 민감합니다. 칠흑 같은 어둠을 자유자재로 가로지릅니다. 당신들, 딱한 인간들은, 아무것도 못 보고 어둠 속에서 떠는데 말이죠….

재판장이 빈정거린다 수리부엉이들이 우월 콤플렉스를

겪고 있는 줄은 몰랐네요….

관중들 사이에서 웃음이 터져 나온다.

수리부엉이 당신들 눈이 부실한데 제가 뭐 어쩔 도리가 있겠습니까? 밤이 되면 아무것도 못 보잖아요. 헤드라이트 며 형광등이 필요하죠. 도시에는 한낮처럼 불을 밝히고요. 당신네 조상은 벌판과 숲의 깊은 어둠을 10만 년 동안 피하 며 지냈어요. 인간이 해가 지고 나서도 불 밝힌 빛나는 도시 에서 겁 없이 돌아다니게 된 건 이제 고작 2~3세기밖에 되 지 않았습니다.

재판장이 쾌활하게 답한다 그렇죠. 그게 바로 인간입니 다. 인간은 재능을 키워 취약점을 보완했어요. 밤에 맞서려 고 거리에 빛을 밝히는 방법을 만들어 냈어요. 고래 기름, 그다음에는 석탄 가스, 또 그다음에는 전기를요. 인간은 끊 임없이 쇄신하고 발명합니다. 바로 그게 인간을 우월하게 만들죠.

수리부엉이　밤이 찾아와서 당신들이 다시 두려움에 떨면 좋겠군요.

재판장이 카메라와 은근히 눈빛을 주고받는다　놀라운 변론입니다! 인간을 두렵게 만들겠다며 우쭐하시는군요! 그게 당신의 유일한 쓸모일까요?

수리부엉이　인간들은 우리를 오랫동안 두려워했습니다. 우리가 비밀스러운 힘과 결탁했다고 믿었어요. "불행을 몰고 오는 부엉이다!" 같은 말은 들어 보셨겠죠. 당신들이 좋아하는 라퐁텐La Fontaine*은 "나쁜 짓을 저지르는 부엉이 족속은 본보기 삼아 목을 매달아야 한다"라고 썼어요. 부엉이는 어둠의 세계와 거래를 한다면서 말이에요. 불길한 징조로 여겨지는 새, 죽음을 불러오는 감시자라고 했죠. 마녀들은 부엉이의 날개 한쪽을 솥에 집어넣어 사악한 약을 만들어 낸다고 했고요….

---

*　17세기 프랑스의 시인이자 대표적인 우화 작가

재판장 자…! 그런 어리석은 미신들은 벌써 한참 전에 사라졌습니다.

수리부엉이 20세기만 해도 농부들은 저주와 우박, 나쁜 날씨를 물리치겠다며 우리 조상들을 창고 문에 박아 뒀습니다. 사냥꾼들은 부엉이를 하나 죽일 때마다 특별 수당을 받았어요. 그렇게 공을 쌓았다는 증거로 발톱과 부리를 관공서에 가져갔죠. 우리는 인간종을 최대한 멀리할 수밖에 없었습니다.

재판장 그건 단지 부엉이가 토끼 사냥꾼과 경쟁하는 사이였기 때문이죠! 옛날 얘기 또 꺼내는 건 관둡시다. 1972년부터는 법으로 보호받는 행운을 누리셨습니다. 프랑스에 있는 모든 맹금류처럼요. 다른 동물들은 이렇게 얘기할 수가 없습니다….

수리부엉이 보호받았다고 하시는데, 정말 그랬을까요? 반세기 만에 전국의 부엉이들이 자취를 감춘 건 어떻게 설명하실 겁니까? 쥐라에서도, 부르고뉴에서도, 보주에서도요…. 법은 우리를 고압선에서 지켜 주지 못합니다. 경험이 부족한 어린 부엉이들이 수없이 감전사하죠. 법은 당신들이 자연 전체를 흠뻑 적실 만큼 뿌려 대는 살충제에서 우리를 지켜 주지 못합니다. 작은 포유류며 조류 같은 우리 먹잇감은 전부 다, 아니 거의 나 평소에 먹는 곡식과 식물을 통해 살충제를 섭취합니다. 그 독성에 우리는 서서히 중독되고요. 그렇게 번식 능력을 잃어 가죠. 화학적으로 죽음에 이르는 게 우리 운명입니다.

배석 판사가 재판장에게 다가와 귓가에 몇 마디 속삭인다. 둘 다 회심의 미소를 짓는다.

재판장　펠릿 얘기를 좀 들려주시죠….

수리부엉이　듣고 싶으신가요? 저는 이빨이 없습니다. 먹잇감을 잡아먹을 땐 잘게 자르거나 깃털을 조금 뽑아내는 게 고작입니다. 통째로 삼키는 셈이죠. 씹지도 않습니다. 꿀꺽 삼켜서 집어넣습니다. 제 희생양을 곧바로 위장으로 보내죠. 그러면 소화액이 공격에 나설 차례입니다. 소화하기 어려운 것들, 뼈, 깃털, 털은 전부 다 펠릿으로 뭉칩니다. 맹금류는 전부 똑같이 합니다. 그렇지만 제일 큰 펠릿을 만들어 내는 건 접니다. 길이가 10센티미터밖에 되지 않으니, 무서울 건 없죠.

재판장 그걸 어떻게 하십니까?

수리부엉이 뱉어 냅니다. 보통 하루에 두 번씩요. 그렇게 해서 소화 기관을 청소합니다. 하지만 이 방법이 당신들 보기에 역겹다는 건 알고 있습니다… 우리가 인간과 똑같지 않은 이상, 역겹게 느껴지겠죠.

재판장이 웃음 짓는다 우월 콤플렉스는 여전하시군요!

수리부엉이 꽤 많은 점에서 우리가 인간보다 뛰어나죠.

재판장 어떤 점에서 말입니까? 궁금해지는데요….

수리부엉이 아름다움입니다.

재판장은 눈을 크게 뜨며, 이제껏 들은 얘기 가운데 제일 경악스럽다는 기색을 과장해서 드러낸다.

수리부엉이 고양이를 닮은 제 머리를 보세요. 황금빛 눈에는 기다란 속눈썹이 나 있습니다. 거기다 눈은 단순한 황금색이 아니라 선명한 주황빛을 띠고 있죠. 제 장식 깃털도 감상해 보시죠. 여러분 눈에는 귀처럼 보이겠지만, 이건 순진한 먹잇감들을 속일 때 수축할 수 있는 깃털 다발입니다. 검정색부터 적갈색까지, 주황색부터 흰색까지, 세련된 빛을 오색찬란하게 내뿜는 깃털 좀 보세요. 저는 아름다움 그 자체입니다. 세계에서 가장 화려한 생물체 가운데 하나로 손꼽히죠.

재판장이 갑자기 비난한다　당신들은 잔인한 사냥꾼입니다. '하늘의 호랑이'라고들 부르죠. 날이 밝아 올 때까지 죽음과 슬픔과 탄식을 몰고 다니잖아요.

수리부엉이　전 동료들을 죽인 적이 한 번도 없습니다 — 인간들은 즐겨 하는 일이지만요. 그저 재미로, 아니면 공적을 쌓으려고 죽인 적도 없습니다. 저는 먹으려고 죽이는 겁니다. 딱 그뿐이죠. 발톱으로 희생양을 움켜쥐면, 뾰족한 날 여덟 개가 파고듭니다. 단박에 목숨을 끊죠. 대자연을 미화하지 마세요. 자연은 착하지도 않고 너그럽지도 않습니다. 어린 부엉이 가운데 4분의 3은 태어나서 1년 안에 죽습니다. 세상은 자비가 없어요. 우리는 자비를 좋아하지 않습니다. 가차 없죠. 바로 이 점만큼은 우리나 당신들이나 비슷합니다. 인간도 냉혹하니까요. 인간에겐 어떤 자비도 기대하지 않습니다. 전 인간이 딱해요.

재판장이 격분한다　이만하면 충분히 들었습니다. 나가시죠!

경찰관이 수리부엉이를 이끌고 나간다. 수리부엉이는 아주 침착하게 "부엉! 부엉!" 하고 요란한 소리를 내뱉는다.

트로쉬의 전화 이대로 쭉 가세요, 노트바르 씨. 그 수리부엉이는 방어적으로 굴더군요. 허풍을 떨어 봐야, 다 티가 나는 법이에요.

노트바르 그 막돼먹은 자식이 어떤 전략을 쓰는지 보셨습니까? 끝 간 데 없이 변론을 하더군요! 법정을 공격하고요. 재판이 부당하다고 주장했습니다. 다른 동물들도 그렇게 했다가….

트로쉬 그럴 리 없습니다. 그런 태도는 오래가지 못해요. 잘 방어하시고, 더 융통성 있게 하세요.

담비

내 털은 원하지 않는다고요?
위선자들 같으니!

노트바르 재판장 담비. 라틴어 명칭은 *Martes martes*. 서식지는 소나무 숲. 말씀하시죠.

담비 저를 직접 보는 건 처음이실 테죠, 재판장님.

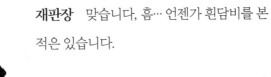

재판장 맞습니다, 흠… 언젠가 흰담비를 본 적은 있습니다.

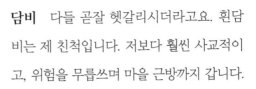

담비 다들 곧잘 헷갈리시더라고요. 흰담비는 제 친척입니다. 저보다 훨씬 사교적이고, 위험을 무릅쓰며 마을 근방까지 갑니다.

반면 저는 숲 깊은 곳에 살면서 자리를 뜨는 법이 절대 없죠. 저에 관해서는 거의 모르시다시피 할 겁니다. 드문 일이지만, 더러는 숲을 산책하는 사람이 저를 얼핏 보기도 합니다. 전 그저 나뭇가지를 따라 스르륵 움직이는 재빠른 털 뭉치처럼 보일 뿐이죠. 혼자 활동하고, 사납고, 고양이보다 활동적이면서 훨씬 경계심 많은 저는 늘 인간과 거리를 유지합니다. 당신들이, 인간이 나타난 걸 봤을 때 저는….

재판장이 펄쩍 뛴다 지금 무슨 말씀이십니까? 담비가 인간보다 지구에 먼저 등장했다고 주장하시는 겁니까?

담비 맞습니다. 족제빗과가 모습을 나타낸 건 3000만 년 전입니다. 영장류보다 1000만 년을 앞섰으니 이만하면 제법 앞서 나간 것이죠! 우리 종은 100만 년 전, 기나긴 빙하기가 특징이었던 홍적세*가 한창이던 때도 직접 눈으로 봤다고요. 인간의 조상인 영장류는 시간을 들여서 당신들 같은

---

* 여러 번의 빙기가 있었던 대빙하기. 인류의 조상이 나타난 시기이며 플라이스토세라고도 한다.

역작을 만들었군요. **(웃음)** 호모 *사피*엔스가 나타난 건 고작 30만 년 전입니다… 호모 사피엔스가 등장했을 때 우리는 이미 지구에 한참을 살고 있었어요. 그래요, 비할 데 없는 민첩함으로 이 나무에서 저 나무로 달리고, 뛰어오르고, 날아다닌 지가 100민 년이 되었단 말입니다.《나무 위의 남작Il Barone Rampante》을 읽어 보신 적 있습니까? 절대로 땅에 발을 딛지 않고 나뭇가지 위에서 생을 보내는 걸 과제로 삼았던 그 괴짜의 이야기를요.

재판장이 당황한다 흐음… 이탈리아 사람, 이탈로 칼비노 Italo Calvino가 썼던 모험담이었죠, 아마. 전 읽어 보진 않았지만, 제 아이들은….

담비 그 남작이 저랑 많이 비슷합니다. 제가 활동하는 곳은 나무거든요. 나무가 높이 자란 숲에서 살고, 돌아다니고, 여기저기서 잠을 자며 결코 같은 곳에 묵는 법이 없고, 항상 높은 곳, 속이 파여 있는 오래된 나무, 새 둥지, 이런저런 구덩이 속에 몸을 누이죠. 높은 곳에서 다람쥐와 참새를 사냥하고 알을 훔치면서 새끼들을 기릅니다. 전 아주 민첩해서

곡예사들도 제 앞에서는 혼쭐이 날 지경입니다. 평형봉 대신 털이 빽빽한 긴 꼬리로 균형을 잡고, 반쯤 오므린 발톱으로 제일 까다로운 곳도 움켜잡죠.

재판장 땅에는 절대로 안 내려오십니까?

담비 새끼들이 태어나 6주쯤 되어 아주 부산스럽게 굴기 시작하면 조심스레 입으로 물고 땅에 자리를 잡습니다. 눈에 안 띄는 굴에다가요. 그리고 밤에, 매일 밤에 사냥감을 찾아 깊은 숲속을 이리저리 누빕니다. 들쥐, 생쥐, 멧밭쥐가 별미고요, 후식으로는 곤충 몇 가지와 과일을 먹죠.

재판장 담비들 평이 안 좋던데요….

담비 그래요, 저를 두고 어떻게들 이야기하는지 알고 있습니다. 잔인한 동물이고, 무시무시한 육식 동물인데다, 누구나 다 아는 새들의 천적이고, 심지어는 '다람쥐들의 드라큘라'라고도 하죠… 저는 평이 나빠요. 하지만 당신들은 양심이 나쁩니다. 모피를 얻겠다며 우리를 괴롭혔잖아요. 인간이야말로 해명을 해야 합니다. 당신들은 우리가 털 밑에 악마를 숨기고 있다고 핑계를 댔습니다. 오랫동안 저를 '유해' 동물 취급했죠. 해로운 동물로 여기지 않게 된 건 고작 2009년부터입니다.

재판장 담비들의 털은 정말로 훌륭합니다. 무척 빽빽하고 따뜻하죠.

담비 아주 추운 곳에 사니까요. 당신들이 이를 덜덜 떠는 곳에서 활개를 치죠. 전 높은 곳을 좋아해요. 해발 1200미터까지는 안방처럼 편하게 지냅니다. 시베리아의 숲속에 잔뜩 모여 있어요. 눈, 얼음, 극지방의 추위, 전부 다 채비가 되어 있죠. 발바닥까지 털이 나 있는걸요. 당신들은 털을 얻겠다며 우리를 뒤쫓고, 학살하고, 집요하게 따라다녔습니다. 우리 털로 외투, 목도리, 숄을 만들어 멋쟁이들이며 왕에게 바쳤죠. 수채화가들이 쓰는 붓도 항상 우리 털로 만들었습니다. 제 털은 탄력 있고 내구성이 좋다고 정평이 나 있으니 말이죠. 당신들은 흰담비, 밍크, 검은담비만큼이나 제 털을 찾아다닙니다. 저주도 이런 저주가 없어요!

담비는 흥분하는 눈치다. 목청이 점점 더 커진다. 재판장이 보초를 서고 있는 두 경찰관에게 걱정스러운 눈길을 보낸다.

담비 얼마 전까지만 해도 농촌에 가면 제 가죽 하나가 농부가 15일 동안 버는 수입과 맞먹었습니다. 그러니 말해 뭐 하겠어요…. 사냥꾼들은 제 가죽을 보전하면서 팔다리를 부러뜨리려고 온갖 함정이며 올가미, 덫을 만들어 냈습니다. 덫에서 빠져나오려고 몇 날 며칠을 애쓰다가 제 동료들 여럿이 잔혹한 최후를 맞이했죠….

재판장이 성을 낸다 그런 야만스러운 행위는 더 이상 일어나지 않아요. 장담합니다! 배석 판사님, 지금 당장 확인해 주시죠.

배석 판사가 휴대폰을 확인한다. 그러고는 휴대폰 화면을 재판장에게 보여 준다.

재판장이 머쓱해한다 담비는 이제 유해 동물이 아니라

'피해를 입히기 쉬운 종'으로 취급받고 있습니다. 그런 이유로 도지사들은 여러분을 덫으로 사냥하도록 허락할 수 있습니다. 1년 내내 말이죠. 그러나 말씀하신 것처럼 사체 훼손을 막기 위해 규정에 따라 매일 아침 덫을 거둬야 합니다.

담비 정말 인도주의적인 행동이군요! 당신들한테는 제 털을 얻겠다며 사냥할 권리가 이제 더는 없어요. 그나마 다행인 일입니다. 관습이 바뀐 건 사실이고, 모피를 입는 일도 점점 줄어들어 지금은 제 털이 인기가 없어요. 아주 잘된 일입니다. 밍크 털은 계속 팔리고 있고 제 것은 그렇지 않지만, 그건 당신들이 저를 상업화하는 데 실패했기 때문이죠.
밍크는 가둬 놓고 기릅니다. 전 아니고요. 저는 수익성이 없죠. 다 성장하려면 오래 걸리니까요. 3년은 지나야 새끼를 낳을 수 있습니다. 한배에 품는 새끼들도 적어서, 세 마리를 넘기는 일이 드뭅니다. 그렇지만 무엇보다도, 무엇보다도… 저는 가둬 놓는 걸 못 견딥니다. 갇혀 있는 건 못 참겠어요. 못 참겠다고요! 인간과 같이 지내는 건 못 견디겠어요! 당신들과는 늘 떨어져 지내죠! 당신들이 가죽을 벗기는 것도 못 참겠어요, 위선자들 같으니! 거기다 여기 이렇게 처박혀 있는 것도 넌덜머리가 나요. 안녕히 계세요!

모두가 경악하는 가운데, 담비는 재판장
의 어깨로 뛰어오른 다음 법정 벽으로
기운차게 튀어 올라가서 통풍구 안으로
자취를 감춘다. 재판장은 숨이 턱 막
히고, 경찰관은 이리저리 뛰어다니고,
방청객들은 입만 쩍 벌리고 있으며, 이 장면은
SNS에 돌아다닐 것이다.

마침 광고를 내보낼 시간이다. 시청률을 고려해 재판을 치밀하게 계획해 뒀다. (친환경) 자동차, (자연 친화적) 탈취제, (유기농) 오렌지 주스, (재사용 가능한) 휴대폰, (윤리적이고 친환경적인) 목공 용품점이 이 행사에 얼굴을 내밀려고 값을 꽤나 세게 치러 됐다.

트로쉬가 노트바르에게 보낸 문자 아주 잘됐습니다. 효과가 있어요. 노이즈 마케팅이 될 겁니다. 담비는 자격이 박탈됐고요. 사람들은 도망치는 걸 싫어하죠. 담비 건은 이미 결정이 났습니다. 아무튼 모피는 이제 아무도 안 입으니까요. 지구 온난화가 벌어진 이상, 모피는 전망이 전혀 없었어요!

갯지렁이

특별한 피,
그 이상을 갖고 있습니다

갯지렁이가 법정으로 꿈틀꿈틀 들어오는 것을 보며, 노트바르 재판장은 침을 삼킨다. 그러고는 애써 미소를 짓는다.

재판장 갯지렁이. 라틴어 명칭은 *Arenicola marina*. 서식지는 고운 모래가 있는 해안. 말씀을 하시기에 앞서, 당신께서 인류를 위해 큰 공헌을 했다는 점을 배심원들께 알려드려야겠습니다, 왜냐면….

갯지렁이 너무나도 친절하시군요, 재판장님. 낚싯대를 드리우는 낚시꾼들을 돕는 걸 두고 고맙다고 하시려는 모양이군요. 우린 낚싯바늘 끄트머리에 걸린 채 농어, 명태, 도미를 유인합니다··· 생선을 낚는 미끼로 선택되는 거죠.

재판장이 당황한다 아뇨, 제가 말하려던 건 그게 아니라···.

갯지렁이 알겠습니다. 예리하시네요. 자랑거리로 내세우셔도 될 정도로요. 제 피 얘기를 하시려는 거군요. 저의 기적 같은 헤모글로빈을 말입니다.
20년 전 어느 연구자는 제 피가 인간의 피보다 산소를 40배 더 많이 저장하는 특성이 있다는 걸 밝혀냈습니다. 몇몇 조건을 갖추면, 인간의 피를 대체할 수 있다고 말이에요. 우리 갯지렁이들의 피는 그렇게 수많은 생명을 살립니다.

재판장 맞습니다.

갯지렁이 당신들에게 저는 뭐니 뭐니 해도 미끼죠. 분명 보신 적이 있을 겁니다. 간조 때 낚시꾼들이 갯벌에서 저를 찾으러 돌아다니는 모습을요. 그들은 보통 혼자서 작업을 합니다. 양동이, 갈퀴, 또는 삽만 있으면 충분합니다 — 쇠로 만든, 폭이 좁고 휘어진 게 좋죠. 제가 펄 위에다 아주 예

쁘장하게 남겨 둔 똬리 모양 흔적을 발견하면, 낚시꾼은 제가 근방에 있다는 걸 알아차립니다. 그게 제 배설물이거든요. 당신들 기준에서 보면 아주 청결하죠! 유독 소화하기 어려운 무기물 입자로 이루어져 있으니까요.

낚시꾼은 제 집이 U자 모양의 작은 터널이라는 걸 알고 있습니다. 똬리 모양 흔적 옆에 제 꼬리가 있고, 거기서 몇 센티미터 떨어진 곳에 제 머리가 있으며, 갯벌에 나 있는 아주 작은 구멍이 제 머리의 위치를 알려 준다는 것을요. 낚시꾼은 서둘러 큼지막하게 삽질을 합니다. 저는 보통 10~20센티미터 깊이의 땅속에서 지내는데요. 공격을 알아채는 즉시, 모래 속으로 파고들어 몸을 피하려고 합니다. 일반적으론 낚시꾼이 더 빠르죠. 그렇게 삽으로 떠서 공기 중에 내던집니다. 길이가 20센티미터까지도 나가는 커다란 선홍빛 지렁이가 보이자마자 낚시꾼이 붙잡습니다. 그러면 짜잔, 미끼가 하나 추가되는 거죠.

이제 다음 차례입니다! 어떤 해안에는 말 그대로 제가 득시글거립니다. 1제곱미터 안에 갯지렁이가 100마리도 넘을 정도죠! 그래서 낚시꾼들은 마음대로 해도 괜찮다고들 생각합니다만, 관리 당국이 개입하고 있습니다. 저를 채취하는 걸 규제하고 있어요. 가령 됭케르크에서는 간조 때 1인당 갯지렁이를 100마리 넘게 잡을 수 없습니다.

재판장 당신 피 얘기를 좀 해 주시죠.

갯지렁이 인간들은 항상 급하게 수혈할 피를 찾습니다. 전쟁, 전염병, 범죄, 교통사고, 일은 끊이질 않습니다. 제 피는 아주 특별하죠. 누구에게나 수혈할 수 있습니다. 인간들 피와는 달라요. 이를테면 혈관을 막는 혈전이 생기는 장벽이 없습니다. 제 피는 동결 건조해서 가루로 만들 수도 있고, 그렇게 하면 상온에서 몇 년 동안 보관할 수 있습니다. 반면에 당신들 피는 겨우 40일 동안, 그것도 영하 4도에서나 보관할 수 있죠.

우리 피는 신장, 심장, 간, 췌장, 폐 이식 조직을 보존하는 데 쓸 수가 있어요. 모름지기 이식 수술은 시간과의 싸움이라는 것, 알고 계시죠. 이식할 장기를 보존 용액 안에 담아 이송하는 동안에는 산소가 부족합니다. 몇 시간만 있어도 장기가 훼손됩니다. 그 용액에다 제 피를 조금 첨가하면 산소를 공급해서 장기를 더 잘, 그리고 더 오랫동안 보존할 수 있습니다 ─ 최대 며칠까지도요. 제 피는 병을 더 잘 치료할 수 있게 도와주기도 합니다. 특히 중증 당뇨병 환자들이 큰 외상을 입었을 때요. 쓰임새는 여기서 끝이 아닙니다. 뇌졸중, 경색, 두개골 외상…

재판장이 웃음 짓는다 당신 혼자만으로도 약국 하나 구실을 하네요!

갯지렁이 저는 4억 5000만 년 전부터 이 지구에 살았습니다. 조상들은 바다에서 나와 그리 멀리 가지 않았어요. 해안에 머무르며 자리를 잡았습니다. 이 환경에 완벽히 알맞게끔 생활 양식을 조정할 만한 여유가 있었죠. 우리는 척추가 없고, 눈이 보이지 않고, 귀도 들리지 않습니다. 뇌 구실을 하는 것이라고는 뇌신경절뿐입니다. 그래요, 인간들 기준대로라면 우리는 지능이 현저히 낮죠. 그렇지만 우린 특별한 피를 갖고 있습니다. 오랜 노력과 기나긴 진화, 그리고 달 덕분입니다.

재판장이 입을 쩍 벌린다 ???

갯지렁이 달은 밀물과 썰물을 관장합니다. 저를 다스리는 건 바로 조수죠. 저는 조수의 리듬에 맞추며 갯벌에 삽니다. 앞서 말씀드렸지만, 제가 사는 곳은 펄 아래 U자 모양으로 판 구덩이에요. 5년 남짓한 평생을 그곳에서 지냅니다. 밀물 때는 바닷물이 펄을 덮습니다. 그리고 수면이 점점 높아집니다. 10센티미터, 1미터, 2미터, 어쩌면 더 높이요…. 바닷물은 저의 집을 가득 메웁니다. 저는 계속 몸을 꿈틀거리면서 바닷물이 입구에서 출구로 순환하게 합니다. 입을 쩍 벌려 물을 삼킵니다. 한 시간에 몇 리터씩 걸러 내죠. 생물들이 만들어 낸 유기물 찌꺼기며 미세 식물상*과 미세 동물상은 전부 다 붙잡아 둡니다. 무기물은 뱉어 내고요. 산소도

---

* 특정 지역에 나서 자라고 있는 식물의 모든 종류

같이 붙잡아 둬요. 복부 바깥쪽을 둘러싼 수많은 아가미 덕분에 바닷물에서 산소를 추출하죠. 그 산소를 피에다 소중히 비축해 둡니다. 왜냐고요? 생명을 유지하는 데 필수니까요. 바닷물은 여섯 시간 동안 높이 차오릅니다. 바닷물이 빠져나가면 물도 없고, 먹을거리도 없고, 산소도 없이 여섯 시간을 지내야 해요. 그러니 숨도 쉴 수 없죠.

재판장이 카메라를 향해 과장되게 놀라는 모습을 보여 준다 여섯 시간 동안 숨을 안 쉬다니요! 저도 그렇게 할 수 있다면 좋겠군요!

갯지렁이 저는 헤모글로빈에 보관해 둔 산소로 살아갑니다. 이쯤은 식은 죽 먹기죠. 당신들에게 아주 유용한 이 헤모글로빈 1리터를 만드는 데 갯지렁이가 얼마나 필요한지 알고 계시나요?

재판장이 눈썹을 치켜올린다.

갯지렁이 수천 마리가 필요합니다. 피를 1리터 만들어 내려면 갯지렁이 20킬로그램이 필요해요. 당신들은 우리를 전 세계에 본보기로 삼는데요, 갯지렁이종이 인간에게 유용하니 보존하고 싶을 겁니다. 그렇지만 우리 목숨을 대가로 치르고 있죠!

그게 당연한 운명이라고 얘기하실 겁니다. 밀물이 되면, 여러 가자미들이 우릴 먹잇감으로 삼아요. 썰물이 되면, 이번엔 마도요처럼 늪과 호수에 사는 새들이 우리를 신나게 먹어 치웁니다. 우린 이 마도요를 막는 법을 알아냈어요. 마도요는 긴 부리를 써서 우리를 펄에서 끄집어냅니다. 하지만 대개 꼬리 정도밖에 못 잡죠. 그래서 우리는 꼬리를 자르고 살아남습니다. 신경계가 아주 원시적이어서 고통을 느끼지 못하는 데다가, 꼬리는 다시 자라나거든요. 정확히 말하자면 이렇습니다. 연속적으로 이어지며 우리 몸을 이루는 낱낱의 마디가 길게 늘어나서 다시 원래 크기로 돌아오는 것입니다.

재판장 놀랍습니다! 도마뱀 같군요! 도롱뇽 같습니다!

갯지렁이 좋으실 대로 생각하세요. 우린 특히 불가사리와 게와 말미잘, 그러니까 썰물에 모습을 드러내는 갯벌에 사는 숱한 생물체와 닮았습니다. 파도와 바람에 치이고 또 치이는 이런 극한의 환경에서 새, 물고기, 갑각류, 환형동물, 조개, 말미잘이 함께 살아가고 있습니다. '함께'라고 말해도 괜찮다면요…. 갯벌에서는 많은 갯지렁이가 다른 종의 먹잇감이 됩니다. 모든 경우를 예측해야 하고, 최악의 상황에 대비해야 하죠. 최악의 상황은 심심찮게 찾아옵니다.

재판장 갯벌에 있는 이웃과 비교해 본다면, 인간은 그저 당신들을 낚거나 조그만 양식장에다 기르면서 양호한 피해 정도만 끼친다는 점을 인정하시죠.

갯지렁이 물론 그렇습니다. 우린 이렇게 인간에게 목숨 바치는 걸 기꺼이 받아들입니다. 그렇지만 당신들이 우리에게 더 많은 걸 요구하지 않으리라고 확신할 수는 없습니다.

저는 조수에, 그러니까 변하는 염도와 수온에 적응하는 법을 압니다. 새로운 위협이 되고 있는 건 해양 산성화죠. 지구 온난화가 심해질수록, 바다는 이산화탄소를 더 많이 흡수해서 점점 더 산성화됩니다. 그게 제 DNA를 망가뜨리고, 정자의 질에 영향을 끼치고, 번식 능력을 감소시키겠죠.

재판장　그렇게 되면 당신들이 멸종할 수도 있는 겁니까?

갯지렁이　그럴 수도 있겠죠? 새롭게 찾아온 기후는 제게 좋을 게 전혀 없을 거 같거든요.

재판장이 힘없이 이야기한다　우린 기후 변화를 막으려고 온 힘을 다해 맞서고 있습니다.

갯지렁이　정말인가요? 당신이 어떤 생각을 하고 계신지 압니다. 우리 종이 갯벌에서 아예 사라진다고 해도 아주 심각한 일은 아닐 거라고 생각하시겠죠. 양식장에서 인공적으로 목숨을 이어 갈 수 있을지도 몰라요. 그렇지만 완전히 장담할 수 없습니다. 공장식 양식은 온갖 종류의 전염병에 취약하니까요. 확실한 대비책을 마련하려면 여러 혈통을 확보해야 할 겁니다. 당신들은 성공할 거라 확신하고 있죠. 제가 갯벌에서 자유롭게 살아가는가는 사실 당신들에게 아무 상관없어요.

재판장　제 말의 의도를 추측해서 비난하는 행동은 삼가 주시기 바랍니다.

갯지렁이　인간의 목숨과 비교한다면 벌레 목숨이 무슨 가치가 있겠습니까? 대단치 않죠. 인정합니다. 그렇지만 무언가 가치는 있습니다. 비단 우리 피가 인간을 살릴 수 있어서만은 아닙니다. 생명이기 때문입니다. 우리도 이 세상에서 잘 지내고 있습니다. 당신들만큼이나 우리도 이곳에서 편하게 지냅니다. 이 사실을 고려해야 마땅합니다. 우리를 조금은 덜 혐오스러운 눈으로 바라보세요. 그렇게만 해도 우리를 고려하는 행동일 겁니다.

재판장이 애써 미소를 짓는다　그렇게 하겠습니다. 다음에 투케 바닷가에 가면, 당신께 인사를 드리겠습니다!

갯지렁이 아주 친절하시군요. 그렇지만 다른 벌레들에게
도 인사를 해 주세요. 우리 종이, 우리 환형동물이 몇이나
되는지 알고 계신가요? 지금 이 지구 위에는 2만 2000종이
넘게 삽니다. 그래요, 우리는 세상을 살아가는 2만 2000가
지 방법을 만들어 냈습니다. 2만 2000가지 방법으로 기어
가고, 먹고, 새끼를 낳고, 환경과 생물학적 조건, 토양, 바다,
호수와 강, 사막, 산에 맞춰 진화합니다. 우리들 사이에서
제 피처럼 유용한 물질을, 생물학적 방식을, 메커니즘을 발
견할 수 있을 거라는 생각이 들지 않으세요?
이 경이로운 특성들이 어떻게 밝혀졌는지 아시나요? 그 답
을 찾아내는 데는 제게 열정을 품고 있었던 연구자 딱 한 사
람이면 족했습니다. 생물학자 프랑크 잘Franck Zal은 어리석
고 권위적인 학계와 맞서 고집스럽게 싸우면서 제 피가 인
류에게 유용할 수 있다는 사실을 의학계가 인정하게 만들었
습니다. 당신들이 완전히 무시하고 있는, 그리고 눈치조차
못 챈 채로 파괴하고 있는 이 모든 종에게는 또 얼마나 많은
경이로움이 감춰져 있을까요? 하루하루 우리를 잃어 갈수

록 당신들에게 중요한 유전학적 정보도 사라져버리는 겁니다. 여전히 이해하고 알아내기에는 한참 먼, 정말이지 예측할 수 없는 이 세계에 적응하도록 도와줄 정보를요….

재판장 벌레 2만 2000종을 보호한다고요! 지구에 사는 온갖 거머리며 지렁이를 구하는 데 막대한 돈을 쓰다니…. **(카메라를 바라본다)** 여러분 한 분 한 분은 전 세계에 있는 벌레들을 위해 돈을 내실 준비가 되어 있습니까? 벌레들이 모두 보호받는다면, 그렇다면 대체… 이를테면 새들은 대체 어떻게 되는 거죠? 어쨌건 간에 벌레들보다는 즐겁게 교류할 수 있는 종인데 말입니다!

갯지렁이 잘못 생각하고 계신 겁니다. 새들은 벌레를 먹고 살죠. 우리가 없다면 새들도 살아가기 힘들어요. 동물, 식물, 미생물이 복잡한 생태 네트워크를 이루고 있다는 점을 간과하고 계시군요. 한 종이 사라지면 네트워크 전체의 균형이 깨지고, 또 새로운 멸종을 불러일으킵니다. 한 줌의 동물들만 살리고 나머지는 사라지게끔 내버려 두는 건 말이 안 돼요.

재판장이 혼란스러워한다 배심원단이 판단을 내릴 것입니다.

트로쉬 더 전투적으로 나서요, 노트바르 씨! 마지막에 한 말은 그렇게 영리한 선택은 아니었어요. 잊지 마세요, 어쨌든 갯지렁이는 피에 산소가 가득하니 엄청난 물건이라고요. 이걸로 시청률이 다시 올라갔습니다. 제대로 적중했어요. 갯지렁이가 당신 목숨을 살려 준다고 생각해 보세요! 재밌지 않습니까, 안 그래요?

노트바르는 투덜거리며 전화를 끊는다.

유럽칼새

일단 새집을 설치해 보세요

갑자기 청중이 고개를 든다. 유럽칼새 한 마리가 법정에 홀연히 모습을 드러낸 것이다. 마치 로켓처럼, 고무줄처럼, 별똥별처럼 날아다닌다. "스리릿 스리릿!" 유럽칼새의 날카로운 울음소리가 사방에 울려 퍼진다. 거꾸로 돌고, 아찔하게 속도를 내고, 날개를 격렬하게 파닥이고, 어지러울 만큼 급강하하고, 미친 듯이 공중제비를 돌고… 움직임을 겨우 따라갈 정도다. 머리카락 하나 차이로 샹들리에를 피하고, 방향을 틀고는 벽에 부딪히기 직전까지 날다가, 그 자리에 딱 멈추고는 판사석을 마주 보고 있는 난간에 매달린다. 그러고는 숨을 헐떡이지도 않으며 말한다 안녕하세요, 재판장님.

노트바르 재판장이 친절하게 군다　유럽칼새, 라틴어 명칭은 *Apus apus*. 화려하게 등장하시는군요….

유럽칼새는 신이 났다　저도 어쩔 수 없는 거라서요. 제겐 걷는 게 고문입니다. 발이 없는 거나 다름없죠. 전 나는 법 밖엔 모릅니다. 빠르게 나는 법요.

재판장　그러시겠네요. 당신의 라틴어 명칭인 *Apus apus*는 문자 그대로 옮기면 '발이 없는'이란 뜻이니까요.

유럽칼새　발이 있긴 하지만, 근육이 정말 약해서 퇴화되었다고들 하죠. 겨우 두세 걸음 내딛는다 하더라도 여전히 날개에 신세를 집니다. 강요받지 않는 한 땅바닥에도 나뭇가지에도 내려앉는 법이 없어요. 그러나 어떤 수직 벽이건, 낭떠러지건, 절벽이건, 속이 파인 나무 어디에건 매달릴 수 있습니다. 아주 허약한 제 다리에는 아주 힘센 발톱이 달려 있거든요.

재판장　늘 높은 곳에 사시네요. 그런데 말씀 좀 해 주세요…. 공중에서 생활하면서 땅바닥에 내려앉지 않고 아홉 달을 보내신다는 게 정말입니까? 어떻게 가능한 겁니까?

유럽칼새 전부 제 손허리뼈 덕분입니다. 인간의 팔이 날개라고 상상해 보세요. 그리고 팔이 아주 길고 손이 아주 짧은 게 아니라, 그 반대라고 생각해 보세요. 상박골-요골-척골이 서로 한껏 모여 있고, 손허리뼈와 손가락뼈가 끝없이 길다고 말이죠. 그게 비결입니다!

재판장 솔직히 말씀드리자면 이해를 못했습니다….

유럽칼새 간단해요. 제가 날갯짓을 하는 건 팔을 움직이는 게 아닙니다. 마치 손을 흔드는 것과 같습니다. 힘이 하나도 안 들죠. 생리학적으로 모든 게 딱 알맞게 생겼습니다. 전부 나는 데 초점을 맞췄거든요. 제비와 똑같은 유선형 몸에, 훨씬 더 길고 휘어 있고 얄팍한 날개를 달고 있습니다. 근육은 튼튼하고, 꼬리는 초승달 모양으로 갈라져 있고, 목은 어깻죽지와 바로 연결되어 있죠… 이 모든 게 가장 완벽한 공기 역학을 만들어 냅니다. 바로 이런 것들이 시속 200

킬로미터에 이를 만큼 어마어마한 속도를 만들어 내는 거죠. 저는 전 세계에 있는 모든 새들 가운데서 제일 빠른 축에 듭니다.

재판장 믿기 어렵지만, 당신께서는 날면서 주무시는 것 같던데요….

유럽칼새 이탈리아의 유명한 생물학자 스팔란차니Spallanzani 씨가 1797년에 그 사실을 발견했죠. 1920년대 비행사들도 우리가 날면서 잔다는 걸 확인했습니다. 한밤중에 고도 1000~2000미터 상공에서 우리와 마주치고 깜짝 놀랐죠. 오늘날엔 레이더가 날아다니는 우리의 기숙사를 정확하게 탐지합니다. 전 혼자서 잠들지 않으니까요. 저는 무리를 지어 생활하며 잡니다. 예컨대 여름에 아비뇽에 가 보시면, 매일 저녁 보실 수 있을 거예요….

재판장이 잘 안다는 말투로 이야기한다 아, 그렇죠. 교황청 안에 있는 '명예의 뜰'에서 축제가 열리면 공연을 시작할 때마다 녹음한 음성을 틀어 주는데, 그러면 유럽칼새의 울음소리가, 누구나 잘 아는 그 날카로운 울음소리가 먼저 나오고 트럼펫이 울립니다. 그게 바로 작품이 시작된다는 신호죠.

유럽칼새 맞습니다. 말씀드렸듯이, 매일 저녁 지붕 위를 이리저리 날아다니다 조금씩 어두워져 가는 푸른 하늘 위로 솟아오르는 우리 모습을 보실 수 있습니다. 근사하고도 무질서하게 빙글빙글 돌며 올라가죠. 축제에 참석한 사람들이 수많은 공연 작품에 눈길을 고정하며 웃고, 울고, 박수를 치는 동안, 따뜻한 기류에 몸을 맡긴 우리는 도시와 근교 상공으로 올라갑니다. 이따금씩 날갯짓을 하고 또 더러는 활강하며, 3초는 깨어 있고 4초는 얕은 잠에 빠지기를 반복하며 밤새 떠다닙니다.

재판장 둥지에서 자는 편이 훨씬 쉽지 않을까요?

유럽칼새 왜 우리가 여름이 오면 프랑스 북쪽 지방에 자리 잡는지 아시나요? 결혼을 하려는 겁니다. 제대로 결혼식을 올리고, 그 뒤에 이어지는 일들도 전부 해내는 거죠. 저마다 짝을 찾고, 짝짓기를 하고, 알을 품고, 새끼들을 키웁니다. 프랑스에는 4월이면 도착해요. 그렇게 오자마자 지붕 아래로, 다락방으로, 기와 밑이나 오래된 환풍구 안으로 보금자리를 찾아 나섭니다. 거기다 이것저것을 긁어모아 둥지를 짓습니다. 풀, 종잇조각, 깃털, 날아다니다가 잡히는

것은 뭐든지 가지고 옵니다. 끈적끈적한 침을 잔뜩 써서 전부 엮어요. 그러고는 결혼을 하죠. 오뉴월이 되면 알을 보통 세 개 낳습니다. 8월이 되면 식탐이 많은 새끼 세 마리는 몸무게가 40그램이 되고요. 이제 날아갈 준비가 된 것입니다. 그러면 또 다른 지평선을 향해 나아갑니다.

우리는 프랑스에서 세 달 남짓 머뭅니다. 이 시간에 모든 걸 빠르게 치르는 거예요. 허니문, 첫날밤, 산란, 육아, 가족생활, 축제까지요.

재판장 어디로 가시는 겁니까?

유럽칼새 적도 반대편으로 갑니다. 아프리카 남부로요. 한 해의 나머지는 전부 거기서 보냅니다. 땅에 발 딛지 않고요. 둥지도 절대 짓지 않습니다.

재판장 그렇다면 1년에 거의 아홉 달을 날면서 지내신다는 게 사실이군요… 아무래도 믿기가 어렵습니다.

유럽칼새 뭐가 문제죠?

재판장 아니 그러니까, 음, 도무지 상상할 수 없는 일이라서요⋯.

유럽칼새 저한테 상상이 안 가는 일이라고 하면, 바로 당신들이 날 수 없다는 사실입니다. 인간은 어떻게 땅바닥에 딱 붙어서 살 수가 있는 겁니까? 불행한 2차원에 갇힌 지표면 생활을 어떻게 견디는 겁니까? 3차원이, 높이와 상승과 무중력 상태가 없잖아요! 부피, 공간, 광대한 하늘, 무한을 향한 통로, 한 마디로, 자유가 없습니다. 이런 감옥 생활인데 설상가상으로 믿을 수 없을 만큼 느리기까지 하죠. 달리기 세계 챔피언은 10초가 조금 안 되는 시간에 100미터를 뛰고 나면 기진맥진해서 주저앉습니다.

그런데 초당 10미터는 딱 제가 순항할 때의 속도예요! 1년 내내, 하루에 열여덟 시간 동안 제가 아무 힘도 들이지 않고 유지하는 속도입니다! 공기만 있으면 충분하거든요. 공기만 있으면 세계가 제 날개 안에 있습니다. 비행기 여행을 제일 미친 듯이 즐기는 사람도 제가 보기엔 그저 일요일에나 소심하게 산책하는 사람일 뿐입니다. 저는 한 해에 19만 킬로미터를 가로지릅니다. 석유를 단 1그램도 태우지 않고, 이

산화탄소를 내뿜지도 않죠. 저는 날면서 잠도 자고, 짝짓기도 하고, 몸단장도 하고, 식사도 하고, 물도 마시고, 친구들하고도 놀고, 싸우느라 소리를 지르거나 즐거워서 소리 지르기도 합니다. 이거야말로 진정으로 탁 트인 야외에서 공기를 마시며 살아가는 거죠.

재판장   그렇지만 공기는, 그러니까, 뭐랄까⋯ 색도 없고, 냄새도 없고, 투명하고, 만질 수도 없고, 항상 똑같은걸요.

유럽칼새   그건 잘못된 생각이라는 걸 아셔야 합니다. 공기의 농도, 온도, 습도나 공기 중 전기의 양은 아주 다양해요. 우린 이걸 알아내는 법을 익혀야 하죠. 저는 상승 기류,

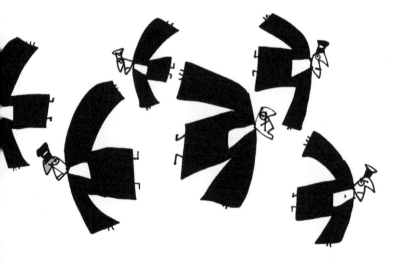

바람, 구름을 속속들이 알고 있습니다. 적
운*을 보고 하늘로 향하는 따뜻한 공기
덩어리가 잔뜩 모여 있는 곳을 파악할
수 있죠. 한가운데 벼락을 품은 적란
운**의 경로를 그리면서, 이 적란운
이 차가운 공기 덩어리를 땅으로 밀
어내면 따뜻한 공기가 위쪽으
로 밀려나고 거기에 수많
은 곤충이 걸려든다는
것도 압니다. 그럴 때면
그 위로 날아가 진수성찬
을 벌이죠.

농부들은 우리가 이렇게 높이 솟아오른 구름 근방에서 잔
치를 벌이면 얼마 지나지 않아 집중 호우가 퍼붓는다는 걸
알아차렸습니다. 그래서 우리에게 '폭풍을 몰고 다니는 자'
라는 별명을 붙였죠. 저는 기온이 역전되는 구간도 알고 있

*   뭉게구름
** 소나기구름

어요. 비를 피하고, 추위를 피하고, 맹금류와의 거리를 확보하고, 고도 5킬로미터까지 올라가는 법도 알아요. 5킬로미터라고요! 어떤 경관이 펼쳐질지 상상해 보세요! 그리고 이모든 걸 무리 지어서 하죠. 우리는 공동체를 좋아하니까요.

재판장 그렇게 높은 곳에서는 먹을 만한 게 그리 다양하지 않을 텐데요. 다른 새들이 훨씬 더 선택지가 많겠어요. 여기에는 낱알이 있고, 저기에는 달팽이가 있고, 여기에는….

유럽칼새 저는 곤충만 먹습니다. 저 하나만으로 살충제 역할을 톡톡히 합니다. 모기건, 날파리건, 딱정벌레건, 수벌이건, 하루살이건, 날개미건 간에, 벌레가 눈에 띄는 즉시 부리를 화덕처럼 크게 벌려 꿀꺽 삼킵니다. 그렇게 500종에 이르는 다양한 곤충을 먹어 치웁니다. 그러니 제겐 선택지가 꽤 많다는 걸 인정하시죠.

새끼들을 먹여야 할 때면, 입에 먹잇감을 문 채로 다른 먹잇감을 줄줄이 잡습니다. 침을 이용해 먹잇감을 붙여 가며 1~2그램짜리 공 모양을 만듭니다. 그러면 목구멍이 꽉 차서, 저더러 갑상샘종에 걸린 게 아니냐는 얘기들을 할 정도 죠! 만족할 줄 모르는 자식들의 부리에다 이런 진수성찬을 하루에 40번까지도 넣어 줘야 합니다. 물론 공중에 돌아다니는 모든 게 먹기 적합한 것은 아닙니다. 암벌, 무늬말벌, 말벌 등, 그러니까 독침을 가지고 있는 곤충은 전부 다 알아보고 피합니다. 시속 50킬로미터로 날아가며 1초도 안 되는 사이에 먹을 수 있는 벌레와 그렇지 않은 것을 분간하죠. 먹을 수 없는 벌레들은 대부분 공격을 멈추라고 위협하는 노란빛을 띠고 있어요.

재판장 제가 제대로 이해한 거라면, 당신들은 그런 점이 인간에게 유용하겠군요. 수많은 곤충을 퇴치하시니까요.

유럽칼새 저는 자연스럽게 처리하는 일입니다. 인간은 화학 약품에 기대지만요. 게다가 저를 화학 약품에 차츰차츰 중독시키고 있죠. 살충제를 잔뜩 삼킨 곤충들을 먹고 살 수밖에 없으니 우리 종이 쇠퇴하고 있습니다. 지금까지는 제 기대 수명이 20년을 넘었어요. 이건 말이죠, 자랑을 하려는 건 아니지만 저처럼 활동량 많은 40그램 남짓한 새의 수명

치고는 제법 긴 편입니다. 이 기대 수명이 줄어들고 있습니다. 한데 당신들이 의식도 못한 채 저를 위협하는 게 또 하나 있어요….

재판장이 궁금하다는 몸짓을 한다.

유럽칼새　저는 아주 오랫동안 나이 많고 커다란 나무 꼭대기에 둥지를 지었습니다. 그런데 당신들이 숲을 벌목했죠. 비죽 튀어나와 있는 나무며 수익성이 없는 나무를 계속 잘랐습니다. 그래서 당신들이 사는 도시로 방향을 틀었어요. 전 도시가 좋아요. 오래된 건물엔 지붕 아래에 어두컴컴하고 후미진 곳이 많거든요. 탑과 유적에는 몸을 감출 만한 굴곡들이 수없이 나 있고요….

땅에 발을 딛지 않은 채 아프리카에서 2년을 보내고 나면, 갓 어른이 된 유럽칼새들은 자식을 낳으려고 프랑스로 올라갑니다. 가장 먼저 하는 일은 태어난 마을로 돌아가서 둥지를 틀 만한 안전한 장소를 찾는 거죠. 하지만 이렇게 하기가 점점 더 힘듭니다. 당신들은 끊임없이 유적지를 보수하고, 건물 외벽에 리폴린*을 칠하고, 지붕을 빼곡하게 늘어세

우고, 콘크리트와 유리와 강철로 만들어 물 샐 틈 하나 없고 살기도 어려운 빌딩을 쌓아 올리니까요. 유럽칼새는 이리 저리 들쑤시고 다니는 사채업자가 아니라는 걸 똑똑히 아셔야 합니다. 일단 둥지 틀 곳을 찾고 나면, 거기서 나가기가 어려워요! 우리는 매년 정확히 똑같은 곳으로, 똑같은 파트너와 함께 돌아옵니다 — 그래요, 우리는 지조가 있거든요. 좋은 곳을 전부 다 맡아 놓죠. 어린 유럽칼새들은 둥지 틀 자리를 필사적으로 찾아 헤맵니다 — 사실 당신들도 마찬가지예요! 당신들의 도시는 점점 살기 어려워지고, 우리는 수가 줄어 가고 있습니다.

재판장이 관심을 보인다 어떻게 해야 합니까?

유럽칼새 새집을 설치하세요. 큰일은 아니지만, 많은 도움이 됩니다. 그렇게 하면 유럽칼새들이 신이 난 무리를 아침저녁으로 여러분 도시에 계속 데려올 거예요. 우리가 혜성처럼 잽싸게 마을을 도는 모습을 보셨나요? 50마리 남짓

---

* 에나멜 도료의 일종

무리를 지어 같은 집들 둘레를 돌고 또 돌죠. 지붕과 빗물받이 가까이로 덤벼들어 영역을 표시하고 그 거리와 둥지가 우리 거라는 사실을 다른 날짐승에게 똑똑히 일깨웁니다. 다들 알고 계시는 날카로운 울음소리를 뱉어 내죠. 로데오이자, 전차 경주고, 기쁨과 순수한 에너지로 추는 춤입니다!

재판장 필요한 건 새집이 전부입니까?

유럽칼새 물론 살충제도 내려놓아야겠죠.

재판장 결국 항상 이 문제로 돌아오는군요. **(잠시 말을 멈춘다)** 우리에게 꿈을 꾸게 해 주셔서 감사합니다, 유럽칼새 씨.

트로쉬 아주 잘하셨습니다. 긍정적이네요.
살충제 얘기가 또 나오긴 했지만, 이 문제는
원체 피할 수 없으니까요.

멧돼지

여기에 저를 데려온 건 사냥꾼입니다

멧돼지가 경찰관 두 명에게 둘러싸여 다가오는 모습을 본 노트바르 재판장은 얼굴이 창백하게 질린다. 배석 판사에게 이렇게 속삭인다 무슨 일이죠? 문제가 있는 것 같은데요! 배석 판사는 서류를 정신없이 뒤적인다 아닙니다, 모두 규정대로 진행되고 있습니다. **노트바르는 재판을 중단하고, 황급히 법정을 나서서 트로쉬에게 전화한다** 어찌된 겁니까? 멧돼지는 멸종 위기종이 아니잖아요! 저더러 어떻게 하라는 겁니까? **트로쉬가 당황한다** 물러설 수 없습니다. 그랬다가는 웃음거리가 될 테니까요. 어쩌다 이렇게 됐는지는 모르겠습니다. 아마 알고리즘이 그랬겠죠. 내각에 있는 헛똑똑이들이 동물을 선별했으니까…. 임기응변으로 하시죠. 해내실 수 있을 겁니다, 전 믿어요.

노트바르가 법정 문을 다시 열고 들어온다. 멧돼지는 난간 앞에서 기다리고 있다. 재판장은 의례적인 소개말을 침착하게 읊는다   유라시아멧돼지. 라틴어 명칭은 *Sus scrofa*. 서식지는 프랑스 전역. 말씀하시죠.

멧돼지는 아무 말이 없다. 재판장을 오랫동안 뚫어져라 바라본다.

재판장이 말을 되풀이한다   말씀하시죠.

멧돼지의 눈이 짓궂게 빛난다.

멧돼지   당신들은 저를 조각조각 해체하는 기술을 알고 있죠? 저를 제대로 죽인 다음에는 입을 최대한 벌려 둬야 한다는 걸요. 또 그 상태를 유지하도록 두 턱 사이에 막대기를 끼우는 방법, 그러고 나서 머리를 붙잡고 귀에서 세 마디 떨어진 목덜미 위쪽을 도려내서 뼈가 나올 때까지 자르는 방법, 그다음 머리가 분리되도록 비트는 방법을 아주 공들여 자세하게 설명하죠…. 나머지 단계는 넘어가겠어요. 절차는 끝이 없고 아주 정밀합니다. 멧돼지 한 마리를 조각내는 것도 다 노하우니까요.

그렇지만 화덕에 집어넣는 것에 비하면 이런 건 아무것도 아닙니다. 어찌나 거침없이 창의력을 발휘하는지요! 저를 어떻게 요리할 생각인가요? '꼬챙이에 끼워 껍질을 황금빛으로 구워 낸 '새끼 멧돼지 넓적다리'가 좋으신가요, 아니면 '모스크바 스타일 멧돼지 등심'이 좋으신가요? '오렌지를 곁들인 새끼 멧돼지 갈비'가 좋으신가요, 아니면 '간단한 멧돼지 스튜'가 좋으신가요? 저를 젤리로, 테린*으로, 실로 칭칭 동여맨 소시지로, 탕으로, 아니면 구이로 하시겠어요? 저를 프로방스 스타일로 정성스레 요리하시겠어요? 플랑드르 스타일로요? 보르도 스타일로요? 후추 소스나 포트와인 소스를 곁들여서요? 제 발은 맛보셨나요? 등심은요? 갈비는요?

---

* 잘게 썬 고기를 용기에 담아 다진 뒤 차게 식힌 음식

머리 고기는요? 엉덩이는요? 새끼 멧돼지는 드셔 보셨나요? 훌륭한 작가들이 새끼 멧돼지를 죽이는 건 밀렵이라고 미식가들에게 일깨우지만, 운이 좋아 키우는 개가 새끼 멧돼지를 물어 오거나 차가 새끼 멧돼지를 칠 때는 기회를 낚아채야 한다고 얘기합니다. 새끼 멧돼지를 사육하는 돼지처럼 요리하는 까닭은, 특히나 포크로 먹는 까닭은, 말을 인용하자면, 안 그랬다가는 "들떠서 손가락까지 먹어 치울지도 모르기 때문"입니다! 그래요, 식도락가들은 이렇게 한담을 주고받습니다. 미식가들은 제게 열을 올리죠. 저의 강렬한 냄새와 야성적인 맛에 홀립니다. 특히 초가을에 저를 먹으라고들 추천합니다. 그 무렵 저는 두께가 4센티미터에 달하는 하얀 기름에 둘러싸인 아름다운 분홍빛 고기를 선보이죠….

멧돼지가 말을 멈춘다. 그러고는 재판장의 눈을 똑바로 쳐다본다 장담합니다. 당신 냉동실에도 멧돼지 덩어리들이 있을걸요.

재판장이 한숨을 쉰다.

멧돼지가 말을 이어 간다 거기 있는 건 어쩌면 제 사촌, 형제, 친구 가운데 하나인지도 모릅니다. 그게 제가 되었을 수도 있고요. 자기 접시 위에서 다시 만날 수도 있는 동물에게 어떻게 평온하게 판결을 내릴 수 있겠습니까? 쉬운 일은 아니죠, 안 그렇습니까…?

재판장의 목소리가 격앙된다 그래서요? 냉동실에 멧돼지 안 넣어 둔 프랑스인이 어디 있답니까? 냉동실이 없는 사람이라면 그렇겠네요! 모두들 멧돼지를 먹습니다. 프랑스의 전통이죠. 오벨릭스 Obélix*도 아침 식사로 멧돼지 한 마리를 전부 다 해치우지 않았던가요?

법정에 웃음이 터진다.

멧돼지 오벨릭스 얘기는 지어낸 게 전혀 아닙니다. 게다

---

* 프랑스를 대표하는 만화 〈아스테릭스〉에서, 주인공 아스테릭스 옆을 지키는 우직한 동료. 커다란 체구에 엄청난 괴력을 가지고 있다.

가 가축으로 키우는 돼지를 더 많이 먹었던 골Gaul 사람들[*]
이 등장하기 한참 전, 우리는 당신들의 확실한 고기 공급원
이었어요. 한 1만 년 전쯤, 지구는 더워지고 빙하기는 끝이
났으며, 해수면은 120미터가 상승했고 그때까지 빙하가 뒤
덮고 있던 유럽 대륙을 숲이 정복했죠. 그렇다면 돌을 쓰던
중석기 시대 인간이 살아남고 번식할 수 있게 해 준 게 누구
일까요? 그때의 인간이 즐겨 사냥하던 동물이 무엇일까요?
인간이 사육과 농업을 발명해 내기 전, 안정적인 식량을 제
공해 준 게 누구일까요? 멧돼지입니다. 멧돼지와 그 경이로
운 번식력 덕택이죠.

암컷은 매년 두 번 새끼를 낳으며, 한배에 네 마리에서 여섯
마리를 품습니다. 멧돼지는 한 살이 되면 벌써 40킬로그램
이 나가죠. 사냥꾼들은 새끼를 낳는 다 큰 멧돼지는 죽이지
않으려고 주의하고, 제일 어린 것들만 잡으려고 했습니다.
물갈이를 하려고 말이죠.

인간과 멧돼지는 독특한 관계로 얽혀 있습니다. 당신들은
우리에게 의존했어요. 마치 오늘날 돼지와 소, 닭에게 의존

---

[*]   서유럽에 살던 갈리아인. 로마 제국에 패해 역사 속으로 사라졌다.

하는 것처럼요.

재판장은 얘기를 더 이어 가도 상관없다며 손짓한다.

멧돼지　머나먼 옛날부터 인간은 별것 아닌 제게 열광해 왔어요. 제 힘에 열광했죠. 저는 유독 짐승 같은 힘을 발휘한다는 인상을 풍겨요. 제가 눈에 잘 띄지 않는다는 점에도 열광하더군요. 저는 숲에서 당신들과 2미터 떨어진 곳에 완전히 꼼짝 않고 조용히 있을 수 있어요. 제가 있다는 걸 전혀 눈치채지 못하게 말이에요. 도망갈 때는 번개처럼 튀어나가죠. 위협을 받으면 이마로 공격하고요. 친구랑 같이 기찻길 바닥에 엎드려서 꼼짝 않는 놀이를 한 번도 해 본 적 없는 사람이라면, 이런 게 아드레날린을 얼마나 치솟게 하는지 상상할 수 없을 거예요. 성체인 저는 136킬로그램이 나가는 데다, 근육도 많고 난폭하고 힘도 세다고요!

당신들은 오랫동안 저를 '눈엣가시'라고 불렀죠. 저를 두려워하고, 존경하고, 찾아다녔어요. 절 사냥하는 걸 좋아들 하죠. 사냥감 가운데 가장 영리하고 경계심 많으며, 가장 사납고 끈질기니까요. 사냥꾼들은 제가 예민한 후각 덕택에 300

미터 떨어진 곳에서도 자기들이 있다는 걸 눈치챘다는 사실을 알고 있죠. 제 청각이 아주 발달해서 먼 곳에서도 잔가지 꺾이는 소리를 들을 수 있다는 걸 알아요. 사냥개 떼가 추격해 오면 기운 빠지는 일 없이 10여 킬로미터를 뛰어갈 수 있다는 걸 알죠. 진짜 갑옷 같은 제 피부는 두께가 3센티미터를 넘어가기도 한다는 걸, 그래서 저를 쓰러뜨리려면 제대로 조준해야 한다는
걸 압니다.

재판장 그렇게 습성을 익히면서 당신들을 이해하려 한다는 걸 알아주세요. 이해하는 것만으로도 이미 사랑한다는 뜻이니까요….

멧돼지 사냥꾼들은 우리를 뒤쫓기 위해 우리가 다니는 길

을 찾습니다. 대대손손 내려오는 길이자 풀숲 한복판을 계속 밟아 낸 길이고, 최대한 조용히 움직이고자 나뭇가지를 치워 놓은 길이죠. 그들은 우리가 쓰는 "진흙탕"*을 찾아요. 덤불이 가장 빽빽한 곳, 우리가 혼자서나 동료와 같이 뽀송하고 평온하게 하루를 보내려고 자리 잡는 곳이죠. 그다지 깊지 않은 연못입니다. 잔뜩 얽혀 있는 가시덤불 한가운데에 직접 땅을 파서 만들어요. 사냥꾼들은 밤이 찾아오면 우리가 음식을 구하러 나선다는 것을 압니다. "땅을 파서 헤집고" "들쥐처럼 샅샅이 살펴본다"는 걸, 그러니까 도토리며 상수리, 뿌리와 덩이줄기, 또 지렁이와 애벌레, 달팽이와 생쥐 같은 먹을거리를 찾는다는 걸 말이에요. 그들은 우리가 뒹구는 "진창"을 찾습니다. 촘촘한 우리 털 안에 보금자리를 트는 진드기, 이, 그 밖의 기생충들을 떨궈 내려고 즐겨 뒹구는 진창이죠. 우리가 남긴 "배설물 흔적"도 찾아다닙니다.

---

* 프랑스어에는 멧돼지의 습성이나 신체 부위를 설명하는 특별한 어휘가 발달되어 있다. '진흙탕' '땅을 헤집는다' '진창' '암컷 멧돼지' '네 살짜리 멧돼지' 등에 해당하는 고유한 명사나 동사가 별도로 있는 것이다. 한국어에는 이와 같은 특수 어휘가 존재하지 않아, 의미를 그대로 풀어서 옮기되 큰따옴표로 표기했다. ― 역자 주

우리가 엉덩이에 말라붙은 찌꺼기를 떨궈 내려고 나무둥치에 힘차게 문질러서 남긴 자취죠. "냄비"도 찾아다녀요. "암컷 멧돼지"가 새끼를 낳기 전에 잡초며 풀로 만드는 잠자리를 가리키는 말이에요. 암컷은 이렇게 암컷 멧돼지라고들 부르고요.

재판장 전부 다 멧돼지한테만 쓰는 말들이네요! 땅을 헤집고, 들쥐처럼 뒤지고, 진창에, 진흙탕, 배설물 흔적…. 이런 말을 들으면 기분이 좋아지지 않습니까?

멧돼지 맞습니다. 동물에게 이보다 더 풍성한 어휘를 선사한 적은 없었죠. 어마어마한 어금니 맞은편, 제 위턱에 난 강력한 송곳니 두 개는 "사암"이라고 부릅니다. 제 머리는 "대가리"라고 하고요. 길고 힘센 주둥이는 "코"라고 부릅니다. 다른 말들도 읊어드리겠습니다. "이마 갈기" "꼬리" "고환" "젖꼭지" "뒷발 끄트머리" "앞발 엄지발톱" "귀" "눈"…. 베이지색 바탕에 갈색 줄이 그어진 채 세상에 나오는 제 새끼는 "새끼 멧돼지"라고 하고요. 그러다 새끼가 완전히 붉은 빛을 띠면, 그러니까 털갈이를 하고 나면 "붉은 짐승"이라고 부릅니다. 한 살을 먹으면 털빛이 검어지면서 무리에 합류해요. 이 무리를 떼라고도 하죠. 세 살이 되면 "제3해에 접어들었다"고들 하는데요, 그러면 "세 살배기 멧돼지"라 부릅니다. 네 살이 되면 "네 살짜리 멧돼지"라 부르고요. 이 시기를 지나면 나이 많은 멧돼지가 되는 것이죠. 시간이 더 흐르면 아주 나이 많은 멧돼지가 되고요. 그러다 시간이 훨씬 더 흘러, 어금니가 휘어져 쓸모가 없어지면, "늙은 멧돼지"라고 합니다….

재판장 이렇게 사람들이 당신을 떠받든다는 증표가 자랑스러우시겠군요. 그런 말들은 사냥꾼이 자연을 사랑한다는 증거입니다. 진정한 생태주의자는 바로 우리라고요…!

재판장이 입술을 깨문다.

멧돼지 알고 있었습니다!

재판장 아, 그렇습니까? 그래요, 전 사냥을 합니다! 그래요, 전 멧돼지를 사냥해요! 사냥하는 건 저 혼자만이 아닙니다. 프랑스에서는 숱한 사람들이 사냥을 합니다. 나라에 보탬이 되는 거죠. 당신들은 사라져 가는 게 아니라, 오히려 걷잡을 수 없이 퍼져 나가는 종이니까요. 국토에 멧돼지가 200만 마리나 되다니, 너무 많습니다!

멧돼지　그게 누구 잘못입니까? 숲 여기저기에다 옥수수 자판기를 설치해 둔 게 누구죠? 바로 당신들입니다! 우리를 손아귀에 넣고 달아나지 못하게 하려고 먹이를 준 거잖아요. 그렇게 해서 냉동실을 채우려고 말이에요. 사냥꾼 연맹은 사냥한 동물들을 그럴싸하게 쭉 늘어놓고 좋은 그림을 보여 주면서 새로운 구성원을 끌어들이려 합니다. 그런 좋은 그림이라고 하면 두말할 것 없이 멧돼지가 가득한 모습이죠! 당신들에게 저는 그저 비즈니스니까요. 매년 이 나라

에서는 우리를 거의 100만 마리 가까이 죽입니다. 매복하고, 뒤쫓고, 몰고, 심지어는 활을 쏘죠. 활을 쏴서 잡는 게 제일 멋있다고 하면서요… 장비는 필수죠! 보세요…

(멧돼지가 품속에서 잡지를 꺼내 페이지를 넘긴다) 이 사냥 잡지 안에 넘쳐 나는 광고를 보십시오.

이중 잠금장치를 장착한 소총, M14X1 나사를 사용한 총신, 광섬유로 만든 조준기, 니켈 도금을 한 노리쇠 케이스. 내경이 12인 데다 "X자 모양으로 퍼져 나가며, 즉 네 갈래로 펼쳐지며 총알의 직경을 두 배로 만들고 깊은 외상과 파괴적인 효과를 확실하게 내며 세 배로 충격을 주는" 탄환. 홈이나 있는 칼날과 인체 공학적인 손잡이로 손쉽게 내장을 제거하고 해체하게 해 주는 고급 칼. 야간용 파인더, 열 탐지기, 이색성 십+자선을 장착한 최신 쌍안경. 가시덤불에도 찢어지지 않는 소재를 사용하고, 체온 조절 기능이 있는 안감과 소음을 내지 않는 단추로 만들었으며 탄띠를 이중으로 장착한 사냥복. 상처 입은 사냥감을 뒤쫓도록 무리 단위로 오랫동안 훈련한 사냥개. 제 덕분에 산업 전체가 굴러갑니다! 어마어마하게 추켜세우는 개별적인 사냥은 따질 것도 없고요. 이 모든 것으로 엄청난 돈을 거둬들이고 있죠….

재판장　농민들은 멧돼지가 옥수수밭과 밀밭에서, 또 들판이며 포도밭에서 난장판을 벌이는 걸 더는 원치 않습니다. 그것 때문에 비용이 상당히 많이 들거든요. 그렇습니다. 당신들이 밭을 망치고 나면, 농민들이 사냥꾼더러 자기가 입은 피해를 앙갚음해 달라고 요청하는 겁니다! 멧돼지를 진압하려고 국가 차원에서 계획을 세웠지만 아무 소용이 없습니다. 우린 당신들을 통제하지 못합니다.

멧돼지　설령 그렇게 통제한다 한들, 문제는 줄줄이 소시지처럼 이어집니다! 저는 예상 수명이 보통 20년 이상입니다. 그렇지만 우리가 사는 이 아름다운 나라에서는 멧돼지 가운데 4분의 3이 네 살이 되기 전에 죽임을 당하죠. 한창때에 이르기도 전에 당신들이 몰살하는 겁니다….

재판장 당신들은 유해 동물이잖아요!

멧돼지 인간은 우리를 우러러봐야 마땅합니다. 자유롭게 살아가는 커다란 야생 동물로서는 마지막 주자니까요. 도시, 도로, 주택지에 점령된 채 기계가 사방에서 밤낮으로 돌아가는 현대 사회에서, 딱히 크기가 작은 것도 아닌 야생 동물 200만 마리가 거의 눈에 띄지 않은 상태로 지내고 있으니 이만하면 대단한 업적 아닙니까? 50마리에서 60마리까지 무리 지어 생활하는데도 거의 안 보이잖아요….

재판장 수가 너무 많긴 합니다.

멧돼지 당신들이 뭐라 할 입장은 아니죠. 어떤 사냥꾼들은 멧돼지를 비밀스럽게 사육하고 있습니다. 서슴없이요. 목표물이 되어 줄 멧돼지들을 자연에 풀어놓기 위해서죠. 또 순수한 혈통의 멧돼지를 집돼지와 교배하는 것도 즐깁니다. 이 교배종은 새끼도 더 일찍 낳고 자라기도 더 빨리 자라죠….

재판장 개인적으로 저는 결코 그런 적이….

멧돼지 이 모든 건 지엽적인 일일 뿐입니다. 멧돼지 수가 많은 진짜 이유는 옥수수밭 때문이에요. 최근 몇십 년 동안, 농민들은 옥수수를 더 많이 심으려고 혈안이 되어 있었습니다. 동물 먹이에는 거의 다 옥수수만 쓰이고, 또 옥수수로는 돈을 잔뜩 벌 수 있으니까요. 옥수수를 거위에게 잔뜩 먹이고, 닭, 병아리, 오리, 뿔닭, 돼지에게 밥으로 주고, 젖소를 살찌워서 우유를 더 많이 만들어 내는 거죠. 모든 가축에게 사료로 주는 게 바로 옥수수입니다.

그런데 말이죠, 우리도 옥수수를 아주 좋아합니다! 어떻게 옥수수를 거부할 수 있겠어요? 마치 우리를 위해 야외에 차려 둔 커다란 밥상이나 다름없는걸요. 거기다 옥수수밭은 몸을 숨기고 진흙탕을 만들기에도 아주 딱이죠. 불과 30년 동안에 우리 수가 열 배나 늘어난 건 옥수수 때문입니다.

재판장 당신도 방금 멧돼지가 해를 끼친다는 걸 인정하셨군요.

멧돼지 실화를 하나 들려드리죠. 어느 날 사냥꾼 한 사람이 태어난 지 이제 겨우 5일 된 새끼 멧돼지를 자기 집으로 데리고 갔습니다. 그의 동료들이 새끼 멧돼지의 아버지와 어머니를, 또 사냥개들이 새끼 멧돼지의 형제자매를 몰살한 참이었거든요. 사냥꾼의 아내가 새끼 멧돼지를 돌봤습니다. 어린 암컷 멧돼지였어요. 아내는 멧돼지에게 정을 주며 '아글라에'라는 이름을 붙였습니다. 그리고 새끼 멧돼지가 이름을 부르면 대답을 한다는 사실을, 또 수많은 것을 이해한다는 사실을 깨닫게 되었어요. "가" "뽀뽀해 줘" "산책

가자" 같은 말을 알아듣는다는 것을요.

아내는 아글라에가 사용하는 아주 다양한 언어가, 아글라에가 내는 날카로운 소리, 우렁찬 소리, 그르렁거리는 소리, 혀를 차는 소리가 어떤 의미인지 익혔습니다. 아글라에가 자기네 사냥개인 닥스훈트와 친해지는 걸 지켜봤고, 얼마나 "활기차고, 똑똑하고, 유쾌하고, 장난기 많고, 명랑하고, 사고뭉치고, 대담한지" 알게 되었어요. 아내의 표현을 그대로 옮겨 오자면요. 그리고 늘 주는 사료 말고도, '더 래핑 카우'의 치즈, 새우, 딸기, 바닐라 아이스크림을 좋아한다는 걸 알게 되었습니다. 항상 호기심이 많아서 누군가 집에 찾아오면 만나러 간다는 사실도요.

언젠가 친구 사냥꾼 하나가 찾아왔을 때 60킬로그램 가까이 나가는 아글라에는 거침없는 걸음걸이로 곧장 다가갔습니다. 사냥꾼은 그대로 굳은 채 화석처럼 자동차 안에 틀어박혔죠. 아내는 그 모습을 즐겁게 바라봤습니다. 그러고 나서 4년이 지나 새끼를 몇 번 낳은 뒤, 아글라에는 다시금 자유를 찾았습니다… 한 마디로, 제가 말씀드리고 싶었던 건 이겁니다. 우리는 냉동실에 집어넣는 고깃덩어리가 아닙니다. 저는 그저 가장 값진 사냥감에만 그치는 게 아닙니다.

그런데도… **(멧돼지는 잠시 말을 멈춘다)** 저를 여기로 데려 온 게 누군지 알고 있습니다.

재판장이 깜짝 놀란다　뭐라고요?

멧돼지　당신네 친구인 사냥꾼들입니다. 법정에 출두할 동 물 목록에 저를 슬쩍 집어넣은 건 그 사람들입니다. 그들은 항상 로비에 뛰어나가니까요. 사냥꾼들은 제가 강도 높은 보 호를 받았으면 하거든요.

재판장　그런데 무슨 말씀을 하시려고 이런 얘길 꺼내는 겁니까?

멧돼지　바이러스 얘기입니다. 중국에서 발생한 바이러스 요. 여러분이 생각하시는 그 바이러스는 아닙니다. 제가 얘 기하려는 바이러스는 '아프리카돼지열병'이라는 이름이 붙 어 있습니다. 아프리카에서 모습을 나타냈지만, 중국에 가 장 큰 피해를 입혔죠. 중국에서는 돼지를 정말 많이 길러서 한 해에 7억 마리를 도축하고, 어마어마한 수를 집중적으로 기릅니다. 농가 한 곳에서 50만 마리까지도 길러요. 그래서 돼지열병이 처음 발생했을 때 산업 전체가 공포에 휩싸였습니다. 중국의 관리 당국은 이 바이러스가 항상 떠돈다는 걸 충분히 알고 있었고, 이에 맞서는 법도 알고 있었지만 아무 소용도 없었습니다.

바이러스가 퍼질 때면 늘 무력하게 당합니다. 돼지는 수백만 마리가 죽고요. 출혈을 일으키는 이 전염병은 전염성이 높습니다. 돼지를 실어 나르거나 이리저리 다룰 때 돼지들끼리 접촉하기만 해도 바이러스가 퍼집니다. 감염된 혈액이 자동차 타이어나 기차 바퀴에 묻기만 해도, 전염병이 오만 군데로 옮아갈 수 있습니다. 치료제도 없고, 백신도 없습니다. 다행히 인간에게는 위험하지 않은 바이러스입니다! 2018년, 중국 북동부에서 이 바이러스로 돼지들이 죽자, 전세계가 겁에 질렸습니다.

재판장 그래요, 저도 그 일을 어렴풋이 기억합니다. 이제 무슨 말씀을 하시려는지 알겠군요. 이 바이러스는 멧돼지에게도 전염됩니다.

멧돼지 맞습니다. 가축으로 기르는 돼지가 멧돼지를 가축화한 게 아니면 대체 뭐겠습니까? 집돼지와 멧돼지는 취약한 점도 똑같습니다. 중국에서 돼지의 목숨을 앗아 간 바이러스가 등장하고 몇 주 뒤, 벨기에에서도 전염병에 걸린 멧돼지가 발견되었습니다. 그 즉시 프랑스는 새로운 마지노선을 세웠습니다. 땅속 50센티미터 깊이로 박은 울타리였죠. 높이는 2미터에, 뫼즈와 뫼르트에모젤, 아르덴 지역의 경계를 따라 120킬로미터 길이로 둘러친 것이었습니다. 이 울타리 양쪽은 모두 '강력한 주민 이주 대상 지역'으로 지정되었습니다. 이곳의 멧돼지들은 모두 보이는 즉시 죽임을 당했습니다. 온갖 수단을 동원한 사냥꾼과 삼림 담당 공무원 손에 말입니다. 심지어는 군대까지 지원하러 나섰습니다.

재판장 돼지 관련 산업을 지키려는 조치였습니다.

멧돼지 나아가 사냥꾼들을 지키려는 조치였죠! 사냥꾼들은 혼비백산했습니다. 바이러스가 경계를 뚫고 들어오면 멧돼지들을 덮칠 테고, 그럼 열에 아홉은 죽을 것이라고 했습니다. 더는 사냥감이 남아나지 않을 거라고요! 커다란 사냥감을 좋아하는 사람들은 즐거움을 찾아 외국으로 떠날 테고! 사냥 연맹은 파산을 할 거라고 말이에요! 그때는 사냥꾼들이 돼지열병을 막아 내는 데 성공했습니다. 하지만 머잖아 이 바이러스가 다시 찾아오리라는 걸 그들은 알고 있습니다. 그래서 제가 보호받았으면 하는 겁니다. 자기들의 산업을 지키려고요. 이런 소식 못 들으셨나요?

재판장이 적절한 말을 찾는다 그러니까, 음, 당신 주장의 진실성을 확인해 보겠습니다. 제가… 법정에 나와 주신 점 감사드립니다.

멧돼지가 법정을 떠나자마자, 노트바르는 트로쉬에게 전화를 건다. 트로쉬가 말을 자르고 얘기한다 그래요, 저도 알고는 있습니다. 미리 말씀을 드렸어야 했는데 말이죠. 사냥꾼들이 압박을 넣었습니다. 멧돼지가 이 일을 폭로할 줄은 예상치 못했습니다. 그렇지만 잘 빠져나오셨습니다….

노트바르 절 놀리시는군요. **트로쉬는 마음을 진정하려 해 본다. 노트바르가 전화를 끊는다.**

기자들은 멧돼지가 폭로한 내용에 관해 질문을 퍼붓는다.

노트바르 간단히 답하겠습니다. 법정에 출두하는 동물 목록은 동물보호부 소속 전문가 위원회에서 정리한 것입니다. 그쪽에 문의하십시오. **이 말에 기자들이 격분한다.**

들북살모사

**300년 안에 인류가 사라진다는 말을 들으면
어떨까요?**

노트바르 재판장　이제 아주 특별한 종의 대표를 맞이하겠습니다. 바로 들북살모사입니다. 라틴어 명칭은 *Vipera ursinii*. 서식지는 알프스 남부. 놀라운 것은, 당신께선 인간이 가장 꺼리는 동물 가운데 하나로 자리 잡고 계신데도 아주 강도 높은 보호를 받고 있다는 거죠. 훌륭한 업적이십니다…!

살모사　저는 메뚜기와 귀뚜라미 정도만 먹고 삽니다. 그래서 제 독은 곤충에게만 치명적이죠. 당신들처럼 커다란 포유류에게는 제 독이 그다지 힘을 발휘하지 못합니다.

재판장이 웃음을 터뜨린다 그 말씀을 들으니 안심이 되는군요!

살모사 저를 경솔하게 다루던 파충류학자들 몇몇을 무는 일이 벌어지기는 했지만요….

재판장이 뒤로 주춤한다 인간을 공격하시는 겁니까?

살모사 순전히 반사적으로 방어할 뿐입니다. 그렇지만 이렇게 물어뜯는 건 위험하지 않아요. 붓게 만드는 게 고작이고, 금세 가라앉습니다. 저는 항상 인간들과 거리를 유지하

고 눈에 띄지 않으려 최선을 다하죠. 크기가 작고, 회색빛 피부에 엉성한 지그재그 무늬가 나 있는 게 전부입니다. 저는 외딴곳, 건조하고 자갈이 많으며 대개는 황량하고 햇빛이 아주 많이 내리쬐는 곳, 고도 1000미터가 넘는 오래된 거대한 석회암 꼭대기에만 삽니다. 프랑스에는 이런 지역이 모두 합해서 더도 말고 덜도 말고 열세 군데 있습니다. 방투산이나 루어산, 칼레른고원처럼 지중해를 향해 있는 알프스 전역입니다. 수십 킬로미터, 심지어는 수백 킬로미터에 걸쳐 있습니다.

재판장   왜 그렇게 높은 곳에 은둔하며 지내시는 겁니까?

살모사   얘기하자면 깁니다. 예전에는 우리 종이 광활한 영역을 차지하고 있었는데요. 12만 년 전, 한없이 긴 빙하기가 끝나고 유럽의 기후가 다시 따뜻해졌습니다. 숲이 높은 곳까지 올라왔죠. 우리는 그늘진 곳에 살 수가 없습니다. 그래서 우리 조상들은 산 정상까지 떠밀려 갔어요. 숲이 이를 수 없는 곳으로요. 기후가 다시 추워졌을 때, 우리는 그 좁디좁은 영역을 떠나지 않았습니다. 제일 작은 서식지는 5헥타르[*]를 채 넘지 않았고, 가장 넓은 서식지는 1600헥타르였습니다. 우리는 서로를 만난 적이 절대 없었죠. 당신네 연구자들이 유전자를 비교해 교류가 전혀 없었다는 걸 입증했듯이 말입니다. 그래서 바르에 있는 말레산의 들북살모사들은 인근 알프스 해안 지역의 코졸에도 들북살모사가 있다는 걸 모르고 지냈습니다. 우리는 수가 아주 적습니다. 다 합해

* 1헥타르는 1만 제곱미터다.

서 10만 마리고, 유전적으로 다른 여덟 가지 무리로 나뉘어 있습니다.

재판장 숲에 드리워진 그늘을 왜 그렇게 못 견디는 건지 이해가 잘 안 갑니다….

살모사 제게는 햇빛이 전부입니다. 하루에 아주 많은 시간을 아무것도 하지 않고 햇빛을 쬐는 데 쓰죠. 인간들은 체온을 항상 37도로 유지하기 위해 아주 많은 에너지를 필요로 합니다. 그래서 계속 음식을 찾고, 하루에 식사를 세 번 하고, 배고픔이 가실 겨를이 없는 거죠. 제게 생리학적으로 필요한 건 전혀 다릅니다. 제 체온은 바깥의 온도와 보조를 맞추거든요. 날씨가 추우면, 제 몸도 차갑습니다. 날이 더우면, 제 몸도 따뜻합니다. 햇빛은 저를 살리고, 제게 기운을 불어넣고, 저를 먹입니다.
전 아침 여덟 시부터 두세 시간 동안 햇볕을 쬡니다. 제 비늘은 마치 태양광 전지 패널처럼 에너지를 흡수하죠. 그 느낌이 어떤지는 상상하실 수 없을 겁니다. 온기가 천천히 퍼지면서 온몸을 데워 줘요. 머리부터 꼬리까지, 혈액, 심장, 폐, 간, 신장, 모두요. 하지만 곧 너무 뜨거워집니다. 그러면 그늘로 몸을 피하죠.

재판장 너무 뜨거워진다고요? 살모사들은 강렬한 열기를 좋아한다고들 하던데요….

살모사 루머입니다. 우리에 관해 돌고 있는 수많은 낭설처럼요. 저는 먹잇감에게 최면을 걸지 않습니다. 알을 낳으려고 나무에 오르지도 않습니다. 몸을 옆으로 돌리면서 언덕에서 굴러 내려오지도 않습니다. 우리가 산에서 다시 번식할 수 있도록, 생태학자들이 우리를 상자째로 헬리콥터에 실어 옮겨 둔다지만 사실은 그렇지 않습니다. 저도 당신들과 마찬가지입니다. 체온이 37도 아래로 내려가면 컨디션이 좋지 않습니다. 제가 좋아하는 기온은 30도 언저리입니다. 제일 찌는 듯이 더울 때는 바위나 빽빽한 수풀 아래서 시간을 보냅니다. 나머지 시간에는 대체로 볼일을 보고 먹을거리를 찾으며 지내죠. 하루에 귀뚜라미 한 마리나 메뚜기 한 마리면 배가 가득 찹니다….

재판상 추운 계절에는 무엇을 하십니까? 그렇게 높은 곳은 기온이 빨리 떨어질 텐데요.

살모사 10월부터 채비를 합니다. 땅속 40센티미터 정도 아래로 파고듭니다. 우리네 뱀들의 공통 조상은 땅을 파는 도마뱀이거든요. 발이 없는 편이 좋겠다고 판단했던 도마뱀이죠. 겨울이 되면 저는 머나먼 기원을 다시 찾아갑니다. 땅속 깊은 곳으로 몸을 숨겨 겨울을 납니다. 위쪽에 눈이 쌓이더라도 상관없습니다. 제가 틀어박힌 땅 아래는 얼지 않아요. 다행한 일이죠. 안 그랬다가는 얼어 죽었을 테니까요. 그렇게 겨울을 나면서 낯선 경험을 합니다. 꼼짝하지 않은 채로 여행을 떠나고, 극한의 모험에 나서고, 끝없는 굶주림을 겪습니다. 저의 모든 것이 천천히 흘러갑니다. 모든 생명 활동이요. 심장은 거의 뛰지 않아서, 겨우 숨을 쉬는 정도입니다. 에너지를 전혀 쓰지 않죠. 사실 잠을 잔다고 할 수는 없고, 마비 상태이자 혼수상태, 또 깬 채로 꿈을 꾸는 상태입니다. 이렇게 여섯 달을 보냅니다. 4월 중순이 되어 마지막 눈이 녹으면, 기나긴 잠에서 깨어나요….

재판장 겨울을 나는 동안에 어떤 생각들을 하십니까? 살모사는 어떤 꿈을 꿀 수 있는 거죠?

살모사 저 스스로도 과연 알기나 할까요? 어쩌면 햇빛을 꿈꿀지도 모르죠. 아담과 이브, 사과, 아스클레피오스*의 지팡이 꿈이려나요? 오스트레일리아 원주민들이 말하는 몽환시를 꿈꾸는지도 모릅니다. 지구가 탄생하기 이전의 시간 말이에요. 오스트레일리아 원주민들은 쿠리칼퐁고Kurrichal-pongo라는 전설적인 뱀이 산과 나무, 동물들의 기원이 되었다고 말합니다. 인간들은 뱀에 관한 신화를 많이 만들어 냈어요. 우리를 너그러운 신이나 불길한 신으로, 비나 혼란을

---

* 그리스 신화에 나오는 의술의 신. 죽은 사람도 되살릴 수 있는 그의 능력이 인간에게 전해질까 두려웠던 제우스는 아스클레피오스를 벼락으로 내리쳐 죽인 후 별자리(뱀주인자리)로 만들었다. 뱀이 휘감겨 있는 지팡이를 짚고 있는 모습으로 묘사된다.

가져오는 존재로, 불사의 존재나 풍요의 상징으로 만들었습니다. 지식의 담지자로 봤습니다. 수많은 신앙 속에서 우리는 성스러운 영토를 수호하는 존재입니다. 어쩌면 제가 여기 프로방스 지역의 고지대를 보호한다는 꿈을 꿀지도 모르겠네요….

재판장이 웃음을 터뜨린다 지금 보호받는 종은 오히려 당신 아닙니까!

살모사 아주 오랫동안 인간들은 제가 지내는 피서지에 전혀 관심이 없었습니다. 사람이 살 수가 없고, 농사를 지을 수 없고, 햇빛이 으깨버릴 듯이 내리쬐며, 겨울 내내 눈이 덮여 있는 곳이니까요. 초목이라고는 키 작은 노간주나무 몇 그루, 늘 초록색인 귀리, 소나무 조금, 라벤더, 강한 향을 풍기는 꽃들이 전부입니다. 드물게 암양과 숫양 무리를 이끌고 찾아오는 목동 말고는 이 외딴곳에 오는 이는 전혀 없습니다 — 목동들은 오늘날에도 여전히 찾아옵니다.
이 뱀들의 천국에는 메뚜기와 귀뚜라미가 넘쳐 납니다. 이걸 차지하겠다고 다툴 사람은 하나도 없죠. 저를 잡아먹을 사람 역시 전혀 없습니다. 물론 천적은 있습니다. 바로 짧은 발가락뱀독수리인데요, 뱀을 아주 좋아하는 탐욕스러운 새입니다. 그렇지만 짧은발가락뱀독수리가 발톱으로 움켜쥘 만한 다른 먹잇감이 아주 많아서, 보통은 저를 신경 쓰지 않습니다. 저는 인간 중에 꼽자면 마치 은둔자처럼 오랫동안 살아왔습니다. 어느 누구에게도 아무것도 요구하지 않으며, 생각에 푹 빠져, 빛을 받으며 똬리를 틀고, 모든 것과 떨어져 지냈습니다. 그러다 마침내 1835년에 인간이 제 존재를 발견하게 되었죠.

재판장　어느 것도 인간을 피하지는 못합니다….

살모사　우리는 한 세기 넘게 평화로이 공존했습니다. 제2차 세계대전 이후 모든 게 바뀌었어요. 바로 가까이 있는 코트다쥐르에 사람들이 몰려들게 된 겁니다. 스키를 타러 오는 사람, 관광객, 도로 외에서도 탈 수 있는 전지형차와 사륜구동차 애호가들이 제가 사는 곳으로 들이닥쳤습니다. 도로를 뚫고, 주차장을 만들고, 알프스산맥 중턱의 산악 지대에서 어마어마하게 인기 좋은 자전거 경주를 열었습니다.

투르 드 프랑스, *도피네 리베레* 선발 경기, 파리-니스 대회를요. 이게 다가 아닙니다!

눈 덕분에 저는 오랫동안 세상과 동떨어져 살았어요. 고도가 높은 곳이다 보니 눈이 잔뜩 내려서 1년에 몇 달씩 쌓여 있었습니다. 그게 불행으로 뒤바뀌었죠. 1960년대에 제가 사는 보호 지역에 스키장이 생기면서, 리프트 기계며 스키 코스, 숙소 겸 식당들이 들어섰습니다…

재판장이 미소 짓는다　당신 입장에서는 지구 온난화가 때맞춰 찾아온 셈이네요. 산 중턱에 있는 그 스키장은 전망이 전혀 밝지 않으니까요.

살모사　착각하고 계신 겁니다. 1미터씩 쌓이던 눈이 고작 40센티미터밖에 쌓이지 않으면 스키 코스에는 자갈밭이 드러납니다. 그럼 관리자들이 불도저로 땅바닥을 평평하게 만드는데, 이렇게 하면 제 서식지가 더 파괴됩니다. 또 관광객을 붙잡으려고 인공 눈을 만들 때 쓸 저수지를 팝니다. 마찬가지로 제 서식지가 파괴되죠. 최악인 건 뭐냐면 스키 코스에다 산악자전거 코스까지 만든다는 겁니다. 거기에 맞쳐 새로 공사를 해야 하잖아요. 지구 온난화 때문에 다른 재앙도 벌어졌습니다. 숲이 다시 산 정상 부근까지 올라오고 있어요. 제가 사는 황야, 들판, 건조한 풀밭을 소나무가 뒤덮었습니다. 반세기 전부터 저는 인간에게 쫓기고 나무에 둘러싸여 옴짝달싹 못하고 있습니다.

재판장　그렇지만 다시 한 번 말씀드리자면, 당신은 보호를 받고 있잖습니까.

살모사　연구자들이 저를 꼼꼼히 조사하는 건 사실입니다. 제 습성과 식습관, 유전자 따위를요. 제가 1년에 세 번 허물을 벗고, 5월이 되면 짝짓기를 하고, 8월이 되면 암컷 살모사가 새끼를 평균 네 마리 부화시키며, 제 기대 수명이 20년 정도 된다는 걸 알고들 있습니다. 그들은 제가 사는 장소를 지도로 만듭니다. 제가 가장 좋아하는 서식지에 전문적인 명칭을 붙이죠. 알프스 인근 호열성 자갈 비탈, 아대륙 스텝 초원, 지중해 산악 지대 스텝 지역 등입니다. 연구자들은 초목이 밀집한 정도부터 연평균 태양 복사선의 양까지, 측정할 수 있는 건 모두 측정합니다. 저와 같은 들북살모사를 발견하면 붙잡아서 인식표를 부착하고 통계에 추가합니다. 복부에 있는 비늘을 하나 채취해서 DNA를 분석합니다. 드물게는 꼬리에 전자 칩을 붙여 이동 양상을 관측합니다.

그렇게 해서 매년 우리 개체 수가 어떻게 변화하는지를 추적하고, 지도와 그래프를 만들고, 수학적 모델을 세워서 '종 역학을 측정'한다든가 '위험 지표를 계산'하는 것입니다. 연구자들이 제 개체군 밀도를 측정할 때 사용하는 등식을 알고 계시나요? $D=[\log(1-p)/\log(1-r)]4$입니다. 여기서 D는 저의 개체군 밀도를 가리키고, p는 관측 빈도를, r은 개체 발견 확률을 가리킵니다.

재판장이 빈정거린다 제법들 진지하군요….

살모사 연구자들은 이보다 더 뛰어난 일도 해냈습니다. 온갖 관계 당국이 제 상황에 관심을 갖게 만들었거든요. 유럽 전체, 환경청, 지방 정부, 중앙 정부 부처, 개발 조합, 삼림과 생물 다양성을 책임지는 국가 기관까지 말입니다. 아주 야심 찬 유럽 "복원 계획"과, 여기에 결코 뒤지지 않는 "전국 활동 계획"이 탄생했습니다. "들북살모사의 서식지를 보존하고 복원하며 그 기능성과 연계성을 증대하는 것"을 목표로 말이죠 — 우리끼리 얘기지만, 이렇게 전문 용어를 쓰는 걸 보면 농담이 아니라는 소리죠. 100

117

만 유로가 넘는 상당한 규모의 예산이 풀렸습니다. 제 인기에 힘입어 조사가 진행되고 있어요. 그 인기는 꽤나 높아진 것 같고요….

재판장 살모사가, 인기가 좋다고요! 이렇게 상식을 넘어서는 상황을 누가 상상이나 했겠습니까?

살모사 제가 어떻게 살아가는지에 주목해서 조사를 벌인 겁니다. 저를 더 존중하고 보호하려면 어떻게 해야 하는지 알려고요. 대중을 일깨우려고 다양한 활동을 펼쳤어요. 여러 학교를 돌아다니며 전시회를 열었습니다. 살모사 조사를 돕는 '환경 자원봉사자'를 만들었죠. 웹 사이트를 만들고, 다큐멘터리 영화를 찍고, 교육용 포스터를 배포했습니다. 회의와 강연을 열고, 땅 주인과 농민, 관광 전문가, 또 관광객들을 위한 현지 방문 행사를 기획했습니다.
양 사육업자들에겐 요청을 했습니다. 가축이 먹기 좋게끔 상당히 넓은 벌판의 풀을 짧게 만드는 '계획적 화전'을 신중하게 진행해 달라고요. 제 서식지를 보살필 수 있도록 작은 영역에만 드문드문 화전을 해 달라고 말입니다. 저를 알아

보고 또 제가 사는 곳을 파괴하지 않도록 현지 순찰대를 꾸렸습니다. 산악자전거 루트와 산책로에도 표지판을 설치해서 안내문을 달아 뒀고요. 심지어는 유기농 맥주도 만들었습니다.

재판장 뭐라고요?

살모사 제가 처한 상황을 인식한 관리 당국과 손을 잡은 지역 양조장에서 제 초상화를 담은 유기농 맥주를 만들었습니다. 몇 년 동안은 제 건강을 기원하며 건배를 할 수 있었죠. 하지만 그 맥주는 널리 퍼지진 못했습니다…

재판장이 즐거워한다 그 맥주가 독이 없다는 인증을 안 받았던 모양이죠?

살모사 으흠.

재판장 자, 인정하시죠. 이 모든 건 대단한 특별 대우입니다. 우린 당신들을 엄청나게 신경 쓰고 있다고요.

살모사 저는 1973년 워싱턴에서 맺은 협약*에 따라 보호를 받습니다. 전 세계 상업계가 특별히 권한을 부여한 이 협약의 종 목록에 제가 올라가 있죠. 1979년 베른에서 체결된 협약은 저를 유럽 차원에서 엄격히 보호하는 동물로 분류하고 있습니다. 1976년 7월 10일 프랑스에서 발효된 법은 프랑스에 있는 모든 파충류와 양서류를 보호 대상으로 지정했어요. 2007년 11월 19일 발효된 법령은 이 보호 대상 파충류와 양서류 목록에 저를 명시적으로 포함했고요. 저는 국제자연보호연합에서 만든 '적색 목록'에도 올라 있는 국제 멸종 위기종입니다. 이 목록이 참고 기준이 되죠. 한 마디로, 여기저기서 저를 보호하고 있습니다. 놀라운 일입니다. 그렇다고 해서 제가 사라지는 걸 막지는 못하고 있지만 말입니다.

---

* 불법 거래나 과도한 국제 교역으로 멸종 위기에 처한 동식물 보호를 목적으로 체결된 협약

재판장 무슨 말씀이십니까?

살모사 방투산에 있는 제 서식지 두 곳을 40년 동안 기록해서 우리 종의 수와 계보를 손수 알아낸 걸 자랑스럽게 여기는 파충류학자 장 피에르 바롱Jean-Pierre Baron은 이렇게 주장합니다. 앞으로 30~40년 안에 제가 멸종할 거라고 말이죠. 저를 위한 대대적인 활동들은 그저 피할 수 없는 결과가 찾아오는 때를 늦추기만 했을 뿐입니다. 정말로 제게 이로운 선택이 내려진 적은 한 번도 없거든요.

스키장을 완전히 재배치하는 일을 맡은 책임자들이 여름용 썰매 코스를 만들고 싶어 하는 상황에서, 자신들이 탐내는 땅에 살모사가 살고 있다고 계획을 포기할 거라 생각하시나요? 아닙니다. 제아무리 그럴싸한 홍보물을 만들고 자연과 들북살모사의 친구라며 꾸민다 해도 포기하지 않을 거예요. 저는 머지않아 방투산에서 사라질 겁니다. 어쩌면 다른 산 정상 인근에서 2~3세기쯤 더 남아 있을지도 모르죠. 당신들이 적어도 그 산을 공사하고 이용해 먹지 않겠다고 생각한다면요.

재판장 하지만 당신들이 프랑스에만 사는 건 아니잖습니까. 다른 유럽 국가들뿐 아니라 동양으로는 중국에까지 들북살모사가 살고 있습니다….

실모시 아주 훌륭한 주장이군요! 프랑스에서는 죽더라도, 다른 곳에서는 살 거라는 말씀인가요. 어디든 위협받는 건 똑같습니다. 제게 남은 시간은 3세기라고 똑똑히 말씀드립니다. 당신들이 듣기에는 한참 뒤의 일인 것처럼 느껴질지도 모릅니다. 그렇지만 지금부터 3세기 안에 인류가 멸종한다는 말을 들으면 어떨지 상상해 보세요.

재판장 인간은 70억이나 되는 걸요! 위험하지 않다고요!

살모사가 두 갈래로 갈라진 혀를 불쑥 내민다. 재판장이 뒤로 물러난다.

살모사가 웃음을 터뜨린다 저 때문에 겁이 나셨군요!

재판장이 폐정을 선언한다.

잘했습니다, 노트바르 씨. 살모사가 자기 발목을 잡았습니다. 우린 살모사를 위해 모든 걸 해 줬는데, 뻔뻔하게도 투덜거리기만 하니 말입니다. 사람들은 배은망덕한 자를 싫어하는 법입니다. 몇몇 동물들은 우리가 펼치는 갖은 노력을 받을 만한 가치가 없다는 걸 사람들도 알게 될 겁니다.

붉은제독나비

우린 다섯 번째 대멸종에서도
생존했습니다

노트바르 재판장   붉은제독나비. 라틴어 명칭은 *Vanessa atalanta*. 서식지는 정원, 초원, 광야, 숲 주변. **(잠시 머뭇거린다)** 말씀을 듣기 전에, 개인적인 이야기를 하나 하겠습니다. 어렸을 적, 저는 바닷가 별장에서 여름을 보내곤 했습니다. 별장에 있는 커다란 정원에는 키 작은 관목과 나무, 쐐기풀이 잔뜩 있었습니다. 그 정원에서 붉은제독나비가 이 꽃에서 저 꽃으로 팔랑이며 날아다니고, 진액이 떨어지는 오래된 자작나무의 상처에 모여드는 것을 매일같이 봤습니다. 황홀했습니다. 그렇습니다. 저에게 당신은 근사한 어릴 적의 추억입니다. 배심원

들에게 영향을 주려고 한 얘기는 아닙니다….

붉은제독나비 감사합니다. 어쩔 수 없는 노릇입니다. 제
자태는 결코 잊을 수가 없죠. **(붉은제독나비가 날개를 펄
럭이며 제자리에서 천천히 돈다)** 선명한 주황색으로 빛나
는 줄 두 개가 눈부시게 그어져 있고, 짙은 검은색을 띤 제
부드러운 날개를 보세요. 날개 끄트머리는 마치 별이 뜬 밤
하늘을 한 조각 잘라 놓은 듯하죠…. 수많은 예술가가 제게
매료되었습니다. 루브르 박물관은 마치 안방처럼 편합니
다. 요하너스 보스샤르트Johannes Bosschaert의 정물화에서 보
신 것처럼요. 이탈리아 화가 피사넬로Pisanello가 그린 에스
테 공주의 작고 훌륭한 초상화에서, 프시케와 큐피드의 모
습을 담아 둔 대리석상, 조각, 석고상, 회화에서 보시다시피
말이에요. 저는 17세기 플랑드르 화가들이 가장 좋아했던
나비였습니다.

**재판장이 사무적이면서도 조금은 비아
냥거리는 표정을 짓는다** 교양이 넘치
시는군요!

붉은제독나비 작가들도 저를 좋아했습니다. 제라르 드 네르발Gérard de Nerval은 시에서 저의 '검고 화려한 날개'를 언급했습니다. 엄청난 나비 애호가였던 나보코프Nabokov는 이렇게 주장했죠. 러시아가 제게 붙인 '운명의 나비'란 별명은, 러시아에서 붉은제독나비가 유독 넘쳐 났던 1881년에 러시아 황제가 암살되었다는 사실에서 유래했다고요. 제 날개 안쪽에 있는 무늬가 그 연도처럼 보였을 수도 있습니다…

재판장 *Vanessa atalanta*라는 학명은 어디서 따오신 겁니까?

붉은제독나비 덴마크의 동물학자 요한 크리스티안 파브리시우스Johan Christain Fabricius가 1807년에 제게 '바네사 vanessa'라는 이름을 붙였습니다. 자신의 연인을 떠올리게 했던, 《걸리버 여행기》로 유명한 작가 스위프트Swift의 시를 추억하며 고른 이름이었습니다. 아탈란테Atalante는 잔인하고 장난기 많은 그리스 여신의 이름입니다. 이 여신은 달리기가 정말 빨라서, 달리기 경주를 해서 자기보다 앞서는 사람하고만 결혼하겠다는 약속을 내걸었습니다. 영리한 히포메네스는 황금 사과 세 개를 떨어뜨려 아탈란테의 호기심을 자극했습니다. 아탈란테는 사과를 주우려고 멈춰 섰고, 그렇게 추월을 당했죠.

재판장   그렇다면 가장 일반적으로 알고 있는 이름인 붉은제독나비는 어떻게 생겨난 겁니까?

붉은제독나비   제 색은 불 같고, 마치 용암 같습니다. 그래서 저를 불과 화산을 관장하는 로마의 신처럼 취급하는 것이죠.[*]

재판장   아일랜드 출신 작가에, 그리스 여신, 로마의 신이라니… 정말이지 아주 유럽스러우시군요!

붉은제독나비   아주 아프리카스럽기도 하죠.

---

[*]   붉은제독나비는 프랑스어로 'vulcain'이고, 로마 신화에 나오는 불과 대장간의 신 불카누스의 이름도 'vulcain'이다. 이 점에 착안해 사용한 표현이다. — 역자 주

재판장 뭐라고 하셨죠?

붉은제독나비 붉은제독나비들은 이중 국적을 가지고 있습니다. 매년 2월 말이 되면 우리는 겨울 내내 지냈던 나라, 모로코와 알제리와 튀니지를 떠나서 프랑스로 오거든요.

재판장 무슨 말씀이십니까? 아프리카에는 뭘 하러 가시는 거죠? 지중해는 또 어떻게 건너시는 거고요…?

붉은제독나비 프랑스의 가을과 겨울은 너무 춥습니다. 우린 기온이 훨씬 온화한 북아프리카에서 가을과 겨울을 납니다. 2월 말 즈음이 되면 그곳은 못 견디게 뜨거워지죠. 그래서 이동을 합니다. 떠나기 전에는 더 이상 목이 마르지 않을 때까지 꿀을 잔뜩 먹어요. 수백만 마리가 차분히 줄지어 국경을 넘습니다. 정식 서류는 없지만, 상관없죠! 서류를 내놓으라고 한들, 인간 세관원과 해안 경비대가 우릴 막을 순 없을 겁니다.

우리가 이용하는 길목은 크게 두 가지입니다. 하나는 모로코를 출발해서 지브롤터 해협을 가로지르는 길이죠. 그런

다음 대서양을 향해 있는 포르투갈, 스페인, 프랑스의 해안을 따라 올라가서 영국까지 나아갑니다. 알제리나 튀니지에서 출발하는 경로는 조금 더 까다롭습니다. 먼저 사르데냐와 코르시카 쪽으로 향합니다. 거기에서 론이나 손 계곡으로 접어듭니다. 그런 다음 독일이나 벨기에 쪽으로 퍼져나갑니다. 어떤 나비들은 심지어 노르웨이까지 진출해서 북극권까지 다다르죠….

재판장 그런데 어떻게 바다를 건너십니까? 제가 잘못 알고 있는 게 아니라면, 사르데냐는 알제리 해안에서 아주 멀리 떨어져 있는데요. 200킬로미터는 됩니다. 거길 건너는 건 용감한 정도가 아니라, 미친 짓이에요…

붉은제독나비 열대 지방에서 부는 바람을 이용합니다. 연초가 되면 바람이 북쪽을 향해 불어서, 우리를 충분히 실어 나르죠. 연구자들은 우리를 관찰하고, 계산하고, 시간을 측정했습니다. 그래서 우리가 평균 시속 54킬로미터로, 최고 시속 90킬로미터로 이동한다고 결론 내렸죠. 정확합니다!

재판장 그렇지만 그건 여정의 시작일 뿐이잖습니까. 아직

도 갈 길이 1000킬로미터나 남아 있는데요! 몸무게가 3그램인 작은 동물이 어떻게…

붉은제독나비   1그램 이하입니다, 재판장님.

재판장   1그램 이하시군요. 그렇게 기나긴 여정에서 어떻게 살아남으실 수가 있죠?

붉은제독나비   밤이 되면 휴식을 취합니다. 바람이 잘 불어올 때면 마라케시에서 됭케르크로 가는 데 며칠밖에 안 걸립니다. 땅에서 몇 미터 떠올라 날아가면서 북쪽을 향해 곧장 나아갑니다. 우리가 가는 길목에 집이 서 있으면, 그 위로 날아갑니다. 만약 산이 서 있으면, 고개를 활용합니다. 높이 나는 건 무섭지 않습니다. 해발 2200미터가 넘는 곳에서도 우리를 발견하곤 하니까요. 우리를 막는 건 없습니다. 거기다 편도가 아니라 왕복이라고요!

재판장   말만 들어도 아찔합니다…

붉은제독나비   8월 말이 되면 프랑스는
기온이 떨어집니다. 가을이 찾아왔음을
느끼죠. 그러면 고향으로 돌아갑니다. 우
리가 아니라, 우리 자식들이요. 프랑스의
겨울이 아주 매섭다는 걸 알고 있거든요. 그래서 아프리카
로 갑니다.

시간을 조금 거슬러 올라가 봅시다. 우리는 3~4월이 되면
프랑스에 도착합니다. 5월에는 암컷들이 알을 낳습니다. 애
벌레가 부화해서, 쐐기풀 이파리를 양껏 먹고, 허물을 몇 번
벗은 다음, 번데기가 됩니다. 그 안에서 엄청난 변신이 벌어
지죠. 6월 말 즈음에는 갓 성충이 된 붉은제독나비가 세상
으로 나와 날아오릅니다. 그리고 당신이 어릴 적에 봤던 정
원에서 여름 내내 노닐죠. 가을이 찾아오면 배, 사과, 자두,
포도처럼 땅에 떨어진 상한 과일에서 신나게 즙을 빨아 먹
습니다. 붉은제독나비가 말벌, 파리, 호박벌과 한데 뒤섞여
바삐 움직이는 모습을 분명 보신 적 있을 겁니다….

재판장   맞습니다. 여름 방학이 끝나 갈 무렵이 되면 당신
들은 자취를 감추다시피 했습니다. 전 당신들이 여름을 나

지 못하는 거라고, 그러니까 기대 수명이 기껏해야 보름 정도밖에 안 되는 거라고 생각했습니다.

붉은제독나비 나비종 대부분이 그렇죠. 저는 다릅니다. 가장 생명력 넘치는 붉은제독나비는 아홉 달까지 살기도 합니다. 나비나 나방 같은 인시류鱗翅類 입장에서는 영생이나 다름없는 수준이죠! 말하자면, 아프리카에서 프랑스까지 날아왔던 붉은제독나비들은 아프리카로 돌아가는 모험을 감행하지 않습니다. 이 나비들은 인간이 만든 건물이나 창고에서 그럭저럭 겨울을 납니다. 한편 프랑스에서 태어난 어린 붉은제독나비들은 남쪽으로 날아가죠….

재판장 한데 어린 붉은제독나비들은 어떻게 그렇게 하는 겁니까? 당신들이, 그러니까 자기 부모가 따라가지 않는데 말이죠. 방향은 누가 알려 주는 겁니까?

붉은제독나비 우리 몸 안에 있는 나침반이 알려 줍니다. 아주 정교한 메커니즘이라서 학자들이 알아내는 데 시간이 좀 걸렸습니다. 우리 눈에는 크립토크롬이라는 광수용 단백질이 있는데, 이 크립토크롬 덕분에 지구의 자기장을 파악할 수 있습니다. 그리고 뇌에는 태양을 활용하는 일종의 나침반이 자리 잡고 있어서 태양의 위치를 바탕으로 남쪽을 알아낼 수 있습니다. 더듬이에 들어오는 햇빛의 입사각을 믿고서요….

재판장 말이 안 됩니다! 조상들이 있던 곳으로 가는 길을 무슨 수로 알아낸다는 겁니까? 어떻게 감히 지중해를 건너 아래 지방으로 돌진할 수가 있는 거죠? 아프리카 해안이 근처에 있다는 표시가 아무것도 없는데 말이에요….

붉은제독나비 어린 붉은제독나비들의 부모는 유럽으로 오는 길을 어떻게 찾아냈을까요? 대서양을 향해 있는 길이며, 론과 손의 계곡은 누가 알려 준 걸까요? 어째서 일부 붉은제독나비는 아이슬란드까지 가는 걸까요? 아니면 노르웨이까지라든지요?
왜 그곳에 이르기 전에 멈춰 서지 않는 걸까요? 꿀을 모을 만한 꽃이 프랑스보다 노르웨이에 더 많기라도 한 걸까요?

그 나비들은 어떻게 알았던 걸까요? 왜 그렇게 멀리까지 나아가는 걸까요? 모험하는 게 취향에 맞아서일까요? 나비가 적어서 꿀을 더 쉽게 먹을 수 있는 고장을 찾으려고 그러는 걸까요? 나비가 있어야만 번식을 하는 꽃들이 붉은제독나비에게 신호를 보내는 걸까요?

6월에 태어난 어린 붉은제독나비들은 자신들이 서양의 혹독한 겨울을 날 수 없으니 9월이 되면 아프리카로 가야 한다는 걸 어떻게 아는 걸까요?

우리는 어떤 사회를 이루고 있을까요? 교미하는 것 말고, 동료 나비들과는 어떤 관계를 맺을까요? 우리는 무리 지어 사는 걸 좋아할까요, 독립적으로 생활하는 걸 좋아할까요? 동물의 세계에서 자주 그러듯이, 수컷 붉은제독나비는 아름다운 상대에게 결혼 선물을 줄까요? 우리는 본능적으로 사회성을 발휘할까요? 위험할 때면 서로 경고를 보낼까요? 제가 지닌 아주 선명한 색은 경계색, 그러니까 제가 독성이 아주 강한 먹잇감이라고 생각하게 만들어 천적을 쫓아내려는 용도일까요?

이를 밝히는 건 제 몫이 아닙니다. 인간 연구자들이 지금도 머리를 긁적이며 이런 질문들과 그 밖에 수많은 질문에 대한 답을 알아내려 하고 있습니다. 분명 전처럼 시간이 한참 더 걸릴 테죠. 사실 따지고 보면 인류와는 전혀 상관없는 문제니까요. 드물게 우리를 연구 대상으로 삼는 학자들은 귀여운 별종 취급을 받곤 합니다.

우리가 이동하는 걸 따라오려면 성실한 관측자와 시각적인 측정, 레이더 에코를 이용한 추적이 필요합니다. 아프리카에서 온 붉은제독나비 집단과 당신네 고장에서 태어난 붉은제독나비 집단을 구분하려면 비용이 많이 들고 복잡한 유전자 검사를 해야 하죠…. 그리고 이 모든 걸 알아낸들 무슨 소용이겠어요? 세간에서 아주 높게 쳐주는 지식과 한참 동떨어져 있는데요. 경종을 울린다거나 무언가를 뒤흔들 만한 결실은 딱히 없습니다. 우리는 돈이 안 됩니다. 그러니 제대로 알려지지 않는 거고요.

재판장 말씀이 지나치십니다. 우리는 오래전부터 나비의 변신에 대해 알고 있었어요. 알, 애벌레, 번데기… 당신들은 제일 사랑받고, 존경받고, 가장 많이 연구된 것으로 꼽히는 곤충입니다.

붉은제독나비 그럴 만도 하죠! 제 생애 주기는 아주 매력적이니까요. 암컷 붉은제독나비는 수없이 많은 알을 낳아 여기저기에 놓아둡니다. 매번 수십 개씩, 되도록이면 쐐기풀 이파리에다가요. 지름이 1밀리미터도 채 되지 않을 만큼 아주 작고 섬세한 줄무늬가 있는 알은 쐐기풀과 똑같은 초록색을 띱니다. 그래서 눈에 띄지 않습니다.

열흘 정도 지나면 아주 연약한 애벌레가 알에서 깨어 나옵니다. 그렇지만 이렇게 연약한 상태에 오래 머무르지 않습니다. 감히 말씀드리자면, 코앞에 먹을거리가 있으니까요. 애벌레는 쐐기풀만 먹고, 그러고 또 쐐기풀을 먹고, 계속 쐐기풀만 먹습니다. 당신들은 쐐기풀이 얼마나 맛있는지 상상이 안 가실 겁니다. 애벌레였을 적, 전 이 식물을 무척이

나 좋아했습니다. 반갑게도 거의 지천에 널려 있었죠. 쐐기풀이 없는 곳에서는 바위가 많은 절벽을 돌아다니면서 '성벽을 뚫는 풀'이나 '바위를 깨는 풀'이라고 불리는 다른 쐐기풀속 식물로 방향을 틀었습니다. 잔뜩 먹고 힘을 얻어서 변신했죠. 정기적으로 허물도 벗었습니다. 키틴질로 이루어진 제 껍질은 신축성이 전혀 없기 때문에, 몸집을 키우려면 새로운 피부를 만들어야 했습니다. 이걸 다섯 번 반복해야 했죠. 정말로 작은 전쟁 기계 같았어요. 색은 어둡고, 등에는 가시가 돋쳐 있고, 옆구리에는 노란 점이 찍혀 있었습니다. 이보다 더 무해할 수 없는 전쟁 기계였습니다. 제가 공격하는 건 쐐기풀뿐이었으니까요.

재판장 수많은 나비가 평생의 4분의 3을 애벌레 상태로 보낸다고들 하는데….

붉은제독나비 저는 아닙니다. 완전히 폭식을 하며 한 달 남짓 보내고 나면, 어느 날 지금이 바로 알맞은 시기라고 생각합니다. 쐐기풀 잎사귀를 하나 골라 자리를 잡고 마치 거미처럼 실을 짜내 잎사귀로 제 둘레를 감습니다. 그렇게 해

서 편안한 방 안에 안전하게 보금자리를 트는 것이
죠. 그 안에서는 더 이상 움직이지 않아, 마치 낙엽처
럼 보입니다. 유충으로 변하는 거예요. 다시 말해 제가
유충으로 바뀌는 겁니다.

재판장   유충은 번데기와 무슨 차이가 있습니까?

붉은제독나비   어휘 선택의 문제입니다. 제가 속한 인시
류에게는 유충이라는 말 대신 '번데기'라는 단어를 쓰거든
요. 이 번데기 안에서는 생물계를 통틀어 가장 이상한 사건
이 벌어집니다. 거의 한 달 동안 저는 먹지도 마시지
도 않습니다. 비축해 둔 양분으로만 살아갑니다.
고치 안에 가만히 틀어박혀서요. 제 안에서 모든 게
조용하고 비밀스럽게 변해 갑니다. 당신들이 태아로 아홉
달을 지내는 것보다 더 놀라운, 상상이 안 가는 과정이죠.
제 생체 조직은 전부 다 재구성되고, 날개와 다리가 형태를
갖춥니다. 이렇게 급진적인 변화를 겪으며 성충이 만들어
집니다 — 학자들은 어른이 된 제게 이런 이름을 붙입니다.
어느 날 아침이 되면 번데기에서 빠져나옵니다. 쉽지 않습

니다. 날개가 죄다 구겨져 있는 와중에 침낭에서 빠져나온다고 생각해 보세요! 1분이 채 지나지 않아 저는 나비가 됩니다. 몸이 축축하고 움직임이 굼떠서 아직은 완전히 채비하지 못한 나비입니다. 이제는 텅 비어버린 고치에 조심스럽게 가만히 붙어서 몇 시간을 보냅니다. 온전한 꼴을 갖추지 않은 연약한 날개가 조금씩 펴집니다. 날개에 힘이 붙어 튼튼해질 때까지 기다립니다. 핏빛 비 이야기는 들어 보셨나요?

재판장 ….

붉은제독나비 번데기로 지내며 기나긴 변신을 거치는 사이, 몸 안에서는 제가 진수성찬을 벌이는 동안 소화하지 못했던 것들이 전부 모여 태변으로 응고됩니다. 몸에서 생겨나는 약간의 찌꺼기죠. 날개가 완전한 꼴을 갖추기까지 잠시 기다리는 시간을 활용해 이를 배출합니다. 아주 희한한 우연처럼, 이 태변은 점도가 있는 인간들의 피 색깔과 아주 비슷한 선홍빛입니다. 이 때문에 오해가 빚어져 크나큰 소동이 일어났죠.

로마의 역사가 티투스 리비우스가 이야기하길, 기원전 183년 로마에서는 불카누스 신전 앞뜰에 핏빛 비가 내렸답니다. 아시다시피, 이 신에게서 제 이름을 따왔죠. 이렇게 엄청난 볼거리가 벌어진 건 아마 저 때문이었을 겁니다. 또 다른 '핏빛 비'는 1608년 엑상프로방스에서 공포를 불러일으켰죠. 아마추어 박물학자인 니콜라 클로드 파브리 드 페이레스크Nicolas-Claude Fabri de Peiresc가 겁에 질린 사람들에게 자초지종을 알려 준 것으로 보입니다.

재판장　박물학자는 그 사실을 대체 어떻게 알고 있었던 거죠?

붉은제독나비　아주 간단합니다. 붉은제독나비 애벌레가 번데기로, 또 나비로 변신하는 걸 도와주려고 붙잡아 뒀다가 나비가 되어 날아가기 전에 붉은 분비물을 배출하는 걸 본 거죠. 그건 피는 아닙니다. 더군다나 저는 피가 없어요. 피 대신 물이 많이 함유된 헤모림프라는 액체를 지니고 있습니다. 그러나 이걸 순환시켜 줄 심장은 없습니다. 몸을 움직이고, 맥관과 격막 체계를 갖춘 덕분에 헤모림프가 순환

되는 겁니다.

그렇지만 첫 비행을 한 뒤 나비의 삶이 어떻게 흘러가는지 들려드리고 싶군요…. 저는 낮에 활동하고 밤에 잡니다. 아침이 되면 해가 떠서 땅을 데워 주길 기다립니다. 그제야 거처에서 나와 날개를 화락 펼치고 잠시 가만히 있습니다. 햇볕을 쬐는 것이죠. 그리 오래 걸리지는 않습니다. 윤기 나는 제 날개는 어두운 색을 띠고 있어 열기를 빨리 흡수하거든요.

저는 아주 일찌감치 길을 나섭니다. 나비 중에서는 제가 가장 이른 아침부터 활동하기 때문입니다. 어디로든 갑니다. 심지어 도시로도요. 도시도 영역을 향한 제 본능을 가로막지 못합니다.

붉은제독나비들 가운데서는 수컷이 영역을 통솔하는 걸 좋아합니다. 꽃이 풍성하게 핀 곳을 고르죠. 수컷 붉은제독나비는 자기 영역이라고 선언해 둔 곳 가장자리에 자리 잡고 앉아 경계를 늦추지 않습니다. 인간이건 나비건 간에, 침입자가 나타나면 내쫓으려 합니다. 그래요, 물론 인간에게는 통하지 않죠. 하지만 다른 나비들에게는 이런 추격전이 성공을 거두는 경우가 많습니다. 암컷 붉은제독나비가 모습을 드러내면 수컷들은 구애를 합니다. 운이 좋아 암컷이 짝짓기를 하겠다고 수락하면, 일을 치르는 데 한 시간은 족히 넘깁니다. 그보다 훨씬 더 오래 걸리기도 하고요….

재판장이 음탕한 표정을 짓는다 정말입니까?

붉은제독나비 그럼요, 저는 인간보다 낫습니다…. 당신들은 날개가 없죠. 저는 아주 작은 비늘로 덮인 날개가 네 개 있습니다. 당신들은 팔다리가 네 개죠. 저는 다리가 여섯 개입니다. 당신들은 눈이 두 개죠. 저는 눈이 네 개입니다. 커다란 겹눈이 두 개인 덕분에 색깔을 아주 잘 분간하고, 주변의 아주 작은 움직임도 잘 포착합니다. 그리고 홑눈 두 개로는 빛의 강도가 달라지는 것을 인식합니다. 당신들은 콧구멍이 두 개죠. 저는 더듬이가 두 개 있어요. 이걸로 맛도 보고, 냄새와 당신들이 느끼지 못하는 페로몬도 감지합니다. 이보다 더 정밀하게 발달한 것도 있죠. 다리 끄트머리에는 감각 섬모가 있어 식물 위에 앉기만 해도 종류를 알아낼 수 있습니다. 당신들은 입이 하나죠. 저는 열 번이나 감아 둘 수 있는 관이 있습니다.

재판장　붉은제독나비가 꿀을 마시려고 준비하는 모습을 봤던 일이 떠오릅니다. 관을 펼쳐 꽃 중심부에 찔러 넣는 게 정말 기발했습니다!

붉은제독나비　데이지, 볏꽃나무, 체꽃, 아이비꽃 등에 알맞게끔 특별히 적응한 것입니다… 소중한 꿀을 들이마실 필요가 없죠. 모세관 현상 때문에 꿀이 좁은 관을 따라 알아서 타고 올라오거든요. 그다음엔 제 뇌에 있는 펌프가 꿀을 위장으로 보냅니다. 이 모든 건 결코 우연의 산물이 아니에요. 꽃과 우리들은 수백만 년 동안 함께 진화해 왔습니다. 우린 꽃에게 도움을 줬고요. 제가 꿀을 모으러 가면, 제 다리에 꽃가루가 묻어 다른 꽃으로 옮겨 갑니다. 그렇게 해서 꽃이 번식하도록 돕는 것이죠.

재판장 좋은 방법으로 이루어지는 흥미로운 교환 관계로 군요. 당신들은 자기도 모르는 사이에 꽃의 수분受粉을 돕고, 꽃은 딱히 의식하지 않은 채 당신들에게 먹을거리를 주니 말입니다….

붉은제독나비 어쩌면 꽃들도 알지 않을까요? 당신들을 가르치려 드는 건 아니지만, 꽃은 종류가 수없이 많습니다. 어떤 위도나 어떤 기후에서도 자라죠. 우리는 꽃을 속속들이 알고 있으며 꽃의 생애 주기와 서식지, 비오톱*에 맞춰 적응해 왔습니다. 각각의 꽃이나 꽃 무리는 저마다 특정 종의 애벌레를 불러들이고, 그 애벌레는 오로지 그 꽃에서만 먹이를 얻습니다. 우리 나비들은 각자의 기호와 습성에 따라 특화된 방식으로 진화했어요. 그래서 세상에는 주행성과 야행성을 합쳐 자그마치 16만 5000종의 나비가 있는 것입니다. 일깨워드리자면, 영장류는 고작 몇백 종 정도죠… 나비들은 충분히 다양해질 만한 시간이 있었습니다. 우리

---

* 단일한 환경적 조건을 지니고 있는 공간. 특정 동식물군의 생활 터전이 되어 준다. ─ 역자 주

가 이 행성에 산 건 못해도 2억 년이 넘었으니까요.

재판장이 미심쩍어한다 보아하니 자신 있으신 모양이군요. 지구에서 그만큼 사셨다는 건 어떻게 아시는 거죠? 제가 알기로, 나비 화석은 없다고 하던데요….

붉은제독나비 아뇨, 있습니다. 물론 드물죠. 우리 날개가 엄청나게 약하다는 점을 고려한다면요. 인간 고생물학자들에게는 반갑게도 나비 몇몇이 늪지에 빠졌습니다. 1950년대 초 영국의 어느 연구자가 영국 남부에 있는 도싯에서 이제껏 알려진 것 가운데 가장 오래된 인시류 화석을 발견했죠. 2억 년 전의 화석으로 추정하고 있습니다. 이족 보행을 하는 인간이 처음으로 등장한 건 고작 700만 년 전이라는 사실을 강조하고 싶군요. 이 700만 년 동안 사헬란트로푸스 Sahelanthropus[*]에서 시작해 아인슈타인까지 이른 것입니다. 이보다 30배 더 오랜 시간이 흘러, 당신들이 우리처럼 2억 년을 보내고 나면 얼마나 더 나아질지 상상해 보세요. 우리

[*] 중앙아프리카에 있는 차드공화국에서 발견된 초기 인류 화석

는 아주 아주 아주 오랜 진화의 결실입니다. 제 자랑은 아니지만, 우리는 수도 없이 뒤바뀐 이 세상에 훌륭하게 적응했습니다. 공룡이 사라졌던 다섯 번째 대멸종에서도 살아남았어요.

재판장이 활짝 웃는다 공룡과 함께 사셨다고요? 당혹스럽네요. 긍정적인 소식이기도 하고요. 지금 일어나고 있는 멸종에서도 쉽게 살아남으시겠어요!

붉은제독나비 장담할 수 없습니다. 20년 만에 초원에 사는 나비의 절반이 유럽에서 사라졌거든요. 당신들은 쭉 늘어선 산사나무와 자두나무, 숲을 베어 내고, 도랑과 늪을 콘크리트로 덮고, 공장식 곡식 경작지를 늘리고, 농경지의 영양분을 모조리 빼앗아 가는 데 그치지 않았어요. 나비들이 보금자리로 삼는 자연환경을 계속 파괴했죠. 잎이 무성한 나무, 풀이 돋아난 땅, 건초를 만들어 내는 초지, 가축을 기르는 방목지, 또 쐐기풀, 우리에게 소중한 쐐기풀 같은 기생식물이 펼쳐진 휴경지와 황무지, 이런 것들을 없애고 그 자리에 건물, 주차장, 슈퍼마켓을 만들었어요. 화학 약품은 또 어떻고요! 당신들은 온 사방에 화학 약품을 뿌립니다. 제초제는 해로운 풀만 죽이는 게 아니라 농경지에서 자연스럽게 피어나는 꽃도 죽입니다. 살충제는 농작물에 해로운 곤충만 죽이는 게 아니라, 우리도 서서히 없애버립니다. 전 세계 어디나 마찬가지죠.

재판장 인간이 예전으로 후퇴해서 살충제 없이 살아갈 순 없습니다!

붉은제독나비 그렇다면 어린 시절의 기억은 잊으시죠, 재판장님. 절 잊으세요.

붉은제독나비는 날개를 펄럭이며 날아올라, 경찰관 어깨 위에 올라앉아 출구로 향한다.

트로쉬 잘했습니다, 노트바르 씨. 사람들은 예쁜 나비와 살충제 사이에서 선택을 해야 한다는 걸 잘 알고 있어요. 마음이 조금 아프겠지만, 그래도 살충제를 고를 겁니다. 안 그랬다가는 기근이 드니까요. 우린 대중 교육을 하고 있는 겁니다, 노트바르 씨. 대-중-교-육이요!

노트바르는 답이 없다. 전화를 끊고 나자, 노트바르가 중얼거린다 살충제 같은 거 내가 알 게 뭐야!

여우

어린 왕자에게 중요한 진실을 전했죠

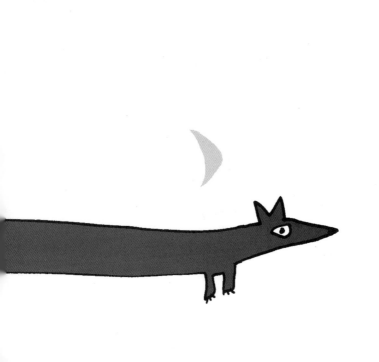

재판장 붉은여우. 라틴어 명칭은 *Vulpes vulpes.* 서식지는 농촌 전역에서 도시 초입에 이르는 지역까지 포괄합니다. 말씀하시죠.

여우 신사 숙녀 여러분, 제 평판이 형편없다는 걸 고려해 본다면, 여러분이 왜 저를 법정에 소환했는지 궁금해집니다. 이미 최종 유죄 선고를 내리셨을 텐데 말입니다. 제 상황은 꽤나 절망적이지 않습니까? 당신들은 저를 유해 동물로 지정했습니다. 사냥꾼들은 사냥철에만 저를 뒤쫓는 게 아니라 거의 1년 내내 저를 사냥할 수 있고요. 낮이건 밤이건, 여름이건 눈이 올 때건 말이죠! 보통 눈이 내릴 때는 참 친절하게도 모든 수렵을 금지하는데 말이에요…. 하물며 우리가 번식기일 때에도 사냥꾼들이 제 은신처에다 우리, 올가미, 사냥개를 풀어놓고 저를 잡습니다. 매년 이 나라의 인간들은 제 여우 동료들을 수십만 마리씩 학살합니다. 여우 고기는 먹을 수 없는데도요. 이런 난장판이 어디 있습니까! 부탁입니다, 아주 끝까지 학살해버리시죠, 절 그냥 없애버리세요!

재판장 모르는 체하지 마세요. 광견병을 퍼뜨리는 게 바로 당신들입니다.

여우 한참 오래전에 끝난 일입니다. 광견병이 마지막으로 대유행한 건 1970년대입니다. 인간은 온갖 수단과 방법을 동원해 우리를 없앴습니다. 사이안화물이 가득 든 미끼를 둥글게 뭉쳐서 뿌려 놓기까지 했습니다. 하지만 그 미끼 때문에 부수적인 피해가 너무 많이 일어났죠…. 우리가 옮기던 바이러스는 오직 백신을 써야만 없앨 수 있었습니다.

재판장이 깜짝 놀란다　그렇다면 프랑스와 나바르 지역의 여우 모두에게 백신을 접종했다는 말입니까? 대체 어떻게 그럴 수 있었죠?

여우　인간은 꾀도 잘 부리기 때문이죠, 친애하는 친구여. 당신들은 백신을 먹음직스러운 미끼에 집어넣었습니다. 우리는 그 미끼에 떼로 덤벼들었고요. 그래서 1998년부터는 우리 가운데 단 한 마리도 광견병에 걸리지 않았습니다.

재판장이 기뻐한다　자, 인간이 여우보다 교활하군요! 알겠습니다. 당신들은 더는 광견병에 걸리지 않습니다. 그렇다 할지라도, 여전히 우리가 키우는 닭을 훔치죠. 또 거기서 그치는 게 아닙니다. 제가 여기서 사냥꾼의 대변인 역할을 하지 않도록 주의할 테지만, 이 점은 명심하세요. 여우들은 사냥꾼들이 사냥철이 시작될 때 풀어놓으려고 키우는 꿩과 자고새를 숱하게 죽입니다. 비겁한 경쟁이에요.

여우가 즐거워한다　제가 기회를 가로챘다고 비난하면서 정작 본인들은 자유 경쟁 신봉자들 이야기를 귀담아듣다니,

농담이신가요? 아주 신선하고, 아주 소심하고, 아주 안절부절못하는 사냥감을, 겨울 내내 당신들의 보살핌을 받고 살이 오른 사냥감을 제 코앞에다 갖다 놓고는, 저더러 그런 유혹을 떨쳐 내기를 바라신다고요? 제가 점잔을 떨었으면 하시는 겁니까? 제 몫을 챙기지도 않은 채, 총소리를 요란하게 울리는 사냥꾼들이 들판을 돌아다니는 걸 얌전하게 지켜보라고요? 잠깐 좀 웃겠습니다.

게다가 왜 굳이 꿩을 매년 1400만 마리씩 길러야 할까요? 당신들이 관리하는 공장식 농장이 살충제 때문에 꿩이 살수 없는 곳으로 변해서잖아요. 그런 곳에는 우리가 먹을 사냥감이 적으니, 사냥꾼들이 인공적으로 사냥감을 만들어 내려고 기를 쓰는 겁니다. 순진한 자고새와 얌전한 꿩을요. 그 천진난만한 동물들은 저를 보고도 자연스러운 본능에 따라 도망치지 않습니다… 그런 걸 몇 마리 잡아먹었다고 저를 유해 동물로 지정한 건가요?

재판장 아무튼 간에 여우가 인간에게 이롭다고 얘기하려는 심산은 아니겠죠!

여우 그렇지만 실제로 이롭습니다. 당신들이 단일 경작을 하는 바람에 들쥐가 번식하기 쉬워졌는데요. 그 작은 설치류들은 밀밭, 보리밭, 유채밭, 콩밭에서 여유롭게 음식을 먹어 치웁니다. 농민들은 들쥐를 몰아내려고 쥐의 피가 응고하는 것을 막아 끔찍한 죽음에 이르게 만드는 브로마디올론을 땅에다 뿌리고요. 왜 우리에게 그 일을 맡기지 않습니까? 자연스러운 방법이 있는데 왜 항상 화학 약품을 우선시하는 겁니까? 여우 한 마리면 한 해에 들쥐 6000마리를 없앤다고요. 거기다 공짜라는 건 덤이죠!

재판장이 흥미로워한다 브로마디올론은 비싼가요?

여우 알아보시죠… 그렇지만 어느 전문가 한 명이 이런 계산을 내놓았다는 건 알아 두세요. 여우 한 마리로 매년 농경에 들어가는 비용 3000유로를 절약할 수 있습니다.

재판장이 불안해한다 이 비용은 배심원단의 평가에 맡기겠습니다… 그렇다면 당신들은 들쥐를 잡아먹는 데서 그치는 게 아니라는 소리군요.

여우 저는 모두 다 먹습니다. 늘 숨어서 사냥감을 노립니다. 밤이 찾아오면 숲에서 나와 사냥에 나섭니다. 숨어 있다가 다가가고, 살금살금 기어가다가 달려 나가고, 이리저리 돌아다닙니다. 들쥐, 토끼, 어린 토끼, 새끼 노루, 닭, 야생 조류, 제 손이 닿는 곳에 있는 건 뭐든지 덮칩니다. 식량을 비축해 두기까지 하죠. 구멍을 빠르게 파서, 사냥감을 잽싸게 묻어 둡니다… 그러고는 사냥을 하러 나서죠. 그다음에 숨겨 둔 먹잇감을 다시 찾으러 옵니다.

제 식생활은 세상에서 가장 폭넓습니다. 전부 다 입에 맞아요. 지렁이도, 민달팽이도, 메뚜기도, 귀뚜라미도, 풍뎅이며

다른 초시류鞘翅類[*] 도요… 먹을거리가 없으면 그에 맞춰 적응합니다. 들쥐가 없으면 블랙베리를 먹습니다. 가을이 오면 과일로 방향을 틀어 자두, 배, 사과, 산딸기, 포도를 먹어요. 겨울은 혹독한 계절인지라, 썩은 고기를 먹습니다. **(재판장이 역겹다는 표정을 짓는다)** 필요할 때는 개밀을 조금 먹고요. 설사약 구실을 하거든요. 인간들이 제게 친절하게 내주는 것들도 전부 먹습니다.

재판장이 펄쩍 뛴다   우리는 아무것도 안 주는데요!

여우   당신들이 상권, 도로, 택지를 만들어 가며 제 영역을 침범하면 그게 곧 거대한 찬장을 제게 넘겨주는 셈이거든요. 쓰레기 처리장이 있으니까요. 거기 가면 식량이 넘쳐 납니다. 역겹다는 생각이 드시나요? 저는 아니에요. 당신들이 내던지고, 낭비하고, 하찮게 여기는 것 모두 다 제게 도움이 됩니다. 인간들이 소풍 가는 장소라든가 나무를 심어 둔 공

---

[*]   절지동물 곤충류에 속한다. 앞날개는 딱딱하고 그 속에 얇은 막으로 된 뒷날개가 있다. 곤충류 전체의 약 40퍼센트를 차지하며 전 세계에 25만여 종이 있다.

원, 골프장 등에 자주 들락거리는 건 항상 쓰레기를 놔두고 가기 때문입니다. 전 청소도 하고 재활용도 한다고요. 친환경 메달을 받아 마땅합니다!

재판장이 눈을 하늘로 든다. 갑자기 고함이 울려 퍼진다 전부 다 멈추십시오!

한 남자가 법정으로 들어선다. 남자는 손에 든 서류를 휘두른다 이 여우는 사기꾼입니다!

청중들은 입을 쩍 벌린다. 경찰관이 남자를 향해 달려가 보지만, 남자는 이미 재판장 코앞에 가 있다.

노트바르 무슨 말씀이십니까? 당신은 누구시죠?

낯선 사람 저는 전문가 위원회 소속입니다! 동물 목록을 만든 위원회 말입니다. 여우는 그 목록에 없습니다. 멸종 위기가 전혀 아닙니다.

재판장이 서류를 다시 꺼내 들고 빠르게 살핀다 그 말이 사실인 것 같군요. **(재판장은 잠시 머뭇거리며 여우를 바라본다)** 당장 법정에서 나가셔야겠습니다. 그렇지만 설명을 해 주셔야겠군요. 말씀해 보시죠.

여우 재판장님, 솔직히 털어놓자면 저는 여기 오려고 속임수를 썼습니다. 인간 친구 몇몇이 절 도와줬습니다.

재판장 무엇 때문에 그렇게 하신 거죠?

여우 널리 알려져 있는 '적색 목록'에서 제가 어떤 자리를 차지하고 있는지 아시나요?

재판장 조금 전 이 서류에서 읽었습니다. 당신은 LC 등급으로 분류되어 있네요. 'least concern'이라는 의미군요. 우리 말로는 '최소 관심'이라는 뜻이죠. 그러니까 당신들은 위협을 받지도 않고, 취약하지도 않고, 심각한 위험에 노출되어 있지도 않다는 얘기입니다. 오히려 당신들 종은 널리 퍼져 있고 수도 많아요.

여우 그 목록 안에서 인간은 어떤 위치에 있는지 아시나요?

재판장 음, 인간은 거기 들어 있지 않습니다!

여우 아니요, 들어 있습니다. 인간은 '적색 목록'에 들어 있습니다. 그리고 등급도 똑같죠. 최소 관심 등급입니다. 우리는 같은 배를 탄 겁니다, 재판장님. 멸종 위기가 아니에요. 적어도 당장은, 그러니까 적어도 앞으로 3세대 안으로는 말이죠. 그렇지만 미래가 보장되어 있다고 누가 장담하겠습니까?

재판장이 안절부절못한다 무슨 말씀을 하시고 싶은 겁니까?

여우 제 친구들을, 법정에 출두해서 당신들 앞에 나섰던 동물들을 헐뜯으려는 건 아닙니다. 하지만 그들과 인간은 너무나도 다릅니다. 이를테면 갯지렁이와 인간의 공통점이 뭐가 있겠습니까? 별로 없습니다. 갯지렁이가 당신들에게 사람 대 사람으로… 그러니까, 대등한 입장으로 말할 수 있었겠습니까? 하지만 저는 당신들과 오랜 역사를 공유하고 있습니다. 인간과 여우는 오랫동안 함께 살아왔고, 만났고, 알고 지냈고, 서로에게 관심을 가져왔습니다. 서로 이해도 하고 말이죠.

여우가 잠시 말을 멈췄다 이어 간다 〈여우와 까마귀〉 이야기를 알고 계시나요?

재판장 물론입니다. **(어린아이 같은 목소리로 읊조린다)** "높은 나무 위에 앉은 까마귀는 부리로 치즈를 물고 있었습

니다./먹음직스러운 냄새에 이끌린 여우는 감언이설을 했죠…" 그게 당신들에게 썩 자랑거리가 될 만한 이야기는 아닐 텐데요.

여우 그러나 우리가 인간과 얼마나 가까운지 보여 주는 이야기죠. 전 인간의 문화에서 빼놓을 수 없는 한 부분을 차지하고 있습니다. 당신들은 어릴 적부터 라퐁텐의 우화를 속속들이 익히죠. 작가가 그 우화 속에 저를 스무 번도 넘게 등장시켰다는 걸 알고 계시나요? 원숭이, 병든 사자, 황새, 수탉, 늑대며 숫염소의 대결 상대로 말입니다. 저는 인간 어린이들이 보는 책에, 제일 좋아하는 만화 영화에, 아이들이 부르는 노래와 동요에 끊임없이 등장합니다. 중세 시대의 우화시에 출연하던 것과 다름없이 말이죠. 제 우스꽝스러운 모험담이 담긴 〈여우 이야기Le Roman de Renart〉*는 여러분 문학사의 귀중한 보석 아닙니까?

인간들은 항상 제게 호기심을 품었고, 나아가 매료되었습니다. 거기다 한술 더 떠 제게서 영감을 얻었죠. 1914년에

---

* 고대 프랑스어로 쓴 운문 동물 설화집

만들어진 폭스트롯fox-trot은 어떻습니까? 제 몸가짐에서 따온 춤입니다. 인터넷 브라우저인 모질라 파이어폭스Mozilla Firefox의 로고는 어떻고요? 여우 모양이죠. '파이어폭스'라는 말은 '레서판다'란 뜻인데도 말입니다. 가면을 쓴 정의의 수호자 조로Zorro는 어떻습니까? 스페인어로 여우라는 뜻입니다. 이런 사례는 끝도 없이 늘어놓을 수 있을 겁니다. 당신들은 상상하시는 것보다 훨씬 더 많이 저와 얽혀 있어요. 만약 제가 더 이상 이 세상에 없다면, 여러분이 어떻게 아이들에게 〈여우와 까마귀〉를 제대로 가르칠 수 있겠습니까?

재판장이 웃음을 터뜨린다 아, 훌륭한 계략입니다! 우린 그런 덫에 걸려들지 않아요, 여우 선생! 공룡들을 좀 보십시오. 공룡은 세상에서 사라졌지만 어마어마한 인기는 그대로입니다. 당신들이 멸종한들 큰 상관은 없습니다! 우리 기억 속에 남아 전설적인 동물이 될 테니까요. 우리 아이들은 여전히 라퐁텐의 이야기를 익힐 겁니다.

여우　재판장님, 생텍쥐페리가 들려줬던 《어린 왕자》 이야기를 떠올려 보세요. 어린 왕자가 만났던 이들 가운데 가장 눈에 띄는 상대가 누구입니까? 가로등에 불을 켜는 사람인가요, 장미꽃인가요, 사업가인가요? 아뇨, 바로 여우입니다. 이 책에서 결코 잊을 수 없는 메시지를 어린 왕자에게 전하기 위해 작가가 고른 건 바로 여우입니다.

"여우는 이렇게 말했다. 안녕, 잘 있어. 내 비밀을 알려 줄게. 아주 간단하단다. 마음으로 봐야만 제대로 볼 수 있어. 소중한 건 눈에는 안 보이는 법이거든."

재판장의 눈빛이 흔들리며 아무 말이 없다. 여우의 말을 듣고 무언가를, 또는 누군가를 떠올린 것만 같다.

여우가 말을 이어 간다　그렇습니다. 어린 왕자에게 이 중요한 진실을 전해 주고, 자신을 길들여 달라고 부탁하고, 길들인다는 말의 뜻을 알려 주며, 서로가 상대방을 걱정하고 또 상대방이 중요하게 여기는 일들을 걱정하는 그 특별한 관계를 처음으로 가르쳐 준 건 바로 여우입니다. 거기에는 그 어떤 책략도 속임수도 없습니다. 여우는 어린 왕자에게 이렇게 말합니다. "네가 나를 길들여 준다면, 내 삶은 햇빛을 받은 것처럼 환해질 거야." 재판장님, 우리는 서로를 길들일 수 있지 않을까요?

재판장은 입을 다문다. 꼭 쓰러지기라도 할 것처럼, 아니면 꼭 날아오르기라도 할 것처럼 보인다. 마치 유령이라도 본 듯이 눈을 크게 떴다가 이윽고 감는다. 뺨 위로 눈물이 한 방울 떨어진다. 재판장은 자리에서 내려와, 전문가에게 인사를 하고는, 여우에게 다가간다. 재판장과 여우, 둘은 서로 팔짱을 끼고 법정을 나선다. 공판이 중단된다.

방송국 스튜디오에서는 해설자들이 앞다투어 논평을 내놓는다. SNS는 난리가 났다. 노트바르의 휴대폰이 울린다.

"트로쉬입니다. 잘하셨어요! 감정에 북받치는 모습이 아주 기가 막혔어요. 계속 이대로 해 주시죠!"

노트바르 더는 못하겠습니다. 여우 말이 맞습니다. 이 재판은 그저 연극이에요. 그만하겠습니다.

트로쉬는 성을 내고, 협박을 하고, 비위를 맞춰 본다. 아무것도 소용이 없다. 트로쉬가 대통령에게 문자를 보낸다 노트바르가 꺾였습니다. 어떻게 하죠?

판결

이제 인간이 말할
차례입니다

프로젝터가 꺼진다. 카메라맨들은 짐을 챙기기 시작한다. 텔레비전 화면에는 광고가 나온다. 그때 법정 바닥에서 목소리가 터져 나오고, 뒤이어 웅성거리는 소리가 들린다. 갑자기 동물들이 법정에 난입한다. 자리를 뜨려던 청중이 꼼짝 못 하고 멈춰 선다. 새, 곤충, 파충류, 포유류… 여기저기서 뛰어다니고, 날아다니고, 기어다니고, 뛰어오른다. 보초를 서던 경찰관들이 대응하려 했지만 이미 늦었다. 큰 곰 예닐곱 마리가 경찰관을 제압하고는 법정 입구를 차지한다. 고양된 분위기 속에서 다시 카메라가 돌아간다. 기자들은 다시 촉각을 곤두세운다. 꿀벌이 법원 직원을 옆으로 밀어낸다. 시청률이 급등한다.

개구리가 재판장의 자리를 차지한다. 헛기침을 하며 목을 가다듬고 손으로 마이크를 톡톡 두드린 다음, 입을 연다 우리는 규칙을 따르기로 결정했습니다. 인간의 소환에 응했습니다. 당신네 조상들이 중세 시대에 했던 재판처럼, 인간이 제기한 소송에 참석했죠. 고발 내용을 듣고 변론을 펼쳤습니다. 당신들이 떠올린 이런 정신 나간 아이디어를 아주 멀쩡하게 받아들이는 척했죠. 우리와 우리 후손의 생사에 관한 권리를 인간이 좌지우지한다는 아이디어 말입니다. 당신들이 이렇게 재판을 열긴 했지만, 눈에 훤히 보였을 게 분명한데도 미처 보지 못한 사실이 있습니다. 이 재판을 받아야 하는 건 바로 인간이라는 겁니다. 인간이야말로, 오로지 인간이야말로 지구의 생활 환경을 맹목적으로 파괴하고 있으니까요.

개구리가 폴짝 뛰어 내려간다. 비버가 그 자리에 올라선

다 우리가 인간에게 판결을 내린다면 이렇게 되겠죠. 멸종이라는 고통을 겪으라고 말입니다. 당신들이 사라진다면, 인간종만 딱 사라진다면, 다른 모든 생물을 구할 수 있을 겁니다. 솔직히 솔깃한 판결이라는 걸 인정하시죠. **(비버가 이빨을 활짝 드러내며 웃음을 터뜨린다)**

무당벌레가 마이크에 앉는다 지구 위에는 사람 한 명당 곤충이 2억 마리꼴로 살고 있고, 이 세상엔 인간이 상상할 수 있는 것보다 훨씬 많은 생명체가 있으며, 과학자들이 아직도 잘 모르는 생명체가 넘쳐 난다는 사실을 강조하고 싶습니다. 당신들은 1000만 가지 종 가운데 한 종류일 뿐입니다. 물론 우리보다 높은 자리를 차지하고는 있습니다. 인간들은 십자말풀이도, 체조도, 라이터도 발명해 냈어요. DNA도 발견하고 화성에 로봇도 보냈습니다. 《햄릿》과 《전쟁의 기술》도 썼고요. 신도 믿고 있죠. 여러 신을 섬깁니다. 신의 이름을 걸고 서로 죽일 듯이 싸우기도 하죠. 당신들은 놀라운 일들을 많이 해냅니다. 우리가 그걸 부정하는 건 아닙니다.

박쥐가 어디선가 불쑥 나타난다　그렇지만 인간은 이 세계에 완전히 속해 있습니다. 우리와 마찬가지로요. 바로 이 사실을 아직 제대로 이해하지 못하고 있죠. 당신들은 우리와 똑같은 공기로 숨을 쉽니다. 공기를 오염시키면, 그걸 들이마시는 건 우리만이 아닙니다. 당신들도 똑같이 들이마십니다. 기후를 엉망으로 만들면, 그 결과를 감당해야 하는 건 우리만이 아닙니다. 당신들도 똑같이 대가를 치러야 합니다. 살충제를 뿌려서 곤충을 말살하면, 곤충들만 죽는 게 아닙니다. 당신들도 똑같이 죽습니다. 우리에게 저지른 해로운 짓은 결국 모두 당신들에게 돌아갑니다.

붉은부리갈매기가 웃음을 터뜨린다　인간은 자연과 동떨

어져 고고하게 자율적으로 살아가는 유일무이한 개체가 아니라는 사실을 알고 계십니까? 당신들 하나하나가 세상의 일부입니다. 머리부터 발끝까지 세균이 들끓죠 — 최대 3만 가지나 되는 세균이 당신들한테 있다고요! 아무리 못해도 인간 세포만큼 많은 비인간 세포들이 인간을 이루고 있습니다. 이런 미생물들이 이루는 어마어마한 공동체는 인간의 생존, 면역력, 소화와 배설 메커니즘과 떼려야 뗄 수 없습니다… 뭐 그렇습니다. 이런 게 겸손한 기분을 안겨 주죠.

달팽이가 뿔을 휘젓는다 인간은 확실히 우리보다 똑똑합니다. 그렇지만 우리보다 훨씬 더 제정신이 아니죠. 자기만 이성을 지니고 있다며 한결같이 주장해요. 아주 몰상식한 행동을 계속하면서요. 그렇게 당신들 세상도, 우리들 세상도 엉망으로 만들죠….

천장에서 거미가 내려온다 당신들이 우리를 보호하건 말
건, 우리는 살아갈 겁니다. 당신들이 우리 목숨을 구해 주겠
다고 결정하건 말건, 우리는 살아갈 겁니다. 인간이 살아남
건 멸종하건, 우리는 살아갈 겁니다. 모두가 살아남지는 않
겠죠. 그렇지만 많이들 살아남을 겁니다. 이렇게 살아남은
동물들이 당신들에게 쓸모가 있거나 호감을 살 만한지와는
별 상관없습니다. 아무튼 살아갈 겁니다. 당신들이 역겨워하
는 곤충들도, 징그러운 해양 생물들도, 시궁창에 사는 설치
류도, 공공 쓰레기장에 사는 갈매기도, 인간이 먹을 수 없는
파충류까지도요. 당신들 눈에는 혐오스러운 이 모든 동물들
이 살아갈 겁니다. 우리가 살아가도록 허락해 달라고 당신들
에게 요청한 적 없습니다. 어제도 오늘도 요청할 생각이 없
습니다. 우리한테는 당신들 허락이 필요하지 않아요.

**야생 고양이가 훌쩍 뛰어올라 재판장의 의자에 자리 잡는
다** 우린 보호 구역에 갇힌 아메리칸 인디언이 아닙니다.

당신들이 강요한 평화 조약에 서명하지 않을 겁니다. 거기다 이런 건 평화 조약도 아니니까요. 이걸 구실 삼아 우리가 패배했다고 인정하게 만들려는 휴전 협정입니다. 이로써 우리 운명을 다시 당신들 손에 넘기게 되겠죠. 이로써 우린 포로가 될 겁니다. 우리는 포로가 아니에요. 아직 진 게 아닙니다. 싸우지도 않고 항복하지는 않을 겁니다.

배심원들을 지켜보던 꿀벌 무리 속에서 꿀벌 하나가 나온다 우리 꿀벌들은 지금 당장 파업에 들어갈 수도 있습니다. 전면 파업이죠. 일을 멈추는 겁니다. 꿀을 모으지 않는 거죠. 그러면 엄청난 타격이 될 거예요. 비단 꿀만이 문제가 아닙니다. 우리가 거들어 주지 않으면 번식할 수 없는 온갖 식물이 있습니다. 우리가 인간을 위해 공짜로 수정해 주는 식물들이죠. 당신들은 무릎 꿇게 될 겁니다. 경제가 원래대로 굴러가지 않을 거예요. 우리는 당신들을 마음대로 휘두를 수 있습니다.

지렁이가 느릿느릿 마이크로 기어 온다 지렁이들은 땅에 구멍을 뚫어 가며 길 닦는 일을 그만둘 수 있습니다. 우리처럼 불쌍한 벌레들이 밤낮을 가리지 않고 천문학적인 규모로 일을 처리해 내지 않는다면, 헤라클레스처럼 조용하면서도 끊임없이 일하지 않는다면, 당신들 밭은 힘을 잃고 말거예요. 더구나 밭은 이미 망가지고 있습니다.

눈에 잘 띄지 않는 구멍에서 생쥐가 잽싸게 뛰쳐나온다 우리는 실험실에서 달아날 겁니다. 아주 조금 만드는 암 치료제도 생쥐의 수없는 희생을 필요로 하죠. 매년 이 나라에서는 의약품 연구자들이 많은 생쥐에게 끔찍한 고문을 가합니다. 당신들을 내팽개치겠다는 마음이 우리한테 없는 게 결코 아

니에요.

마르모트가 고개를 든다 당신들이 여기저기에 도시며 공장, 고속도로와 택지를 만들고, 오만 군데에 유해 물질을 퍼 뜨리지만 우리는 여전히 살고 있습니다. 숲이, 들판이, 늪지가, 강이, 맹그로브나무 숲이, 바다가, 공터가 남아 있는 곳에, 비어 있는 곳에 우린 그대로 머무르고 있어요. 계속 그렇게 지낼 겁니다.

반딧불이가 마이크 위로 날아온다 인간이 우리를 가만히 내버려 둬야 하는 합당한 이유가 하나 있습니다. 생물종이 하나 사라지면 생태계가 뒤흔들립니다. 그러면 수많은 부작용이 뒤따르죠. 사라진 종의 자리를 한 종이나 여러 종이 차지하고, 함께 이끌고 온 세균과 박테리아가 주변의 동물상 전체와 접촉하게 됩니다. 병을 옮기는 이 균들은 한 종에서 다른 종으로 옮겨 가며 번식하고, 변이하고, 대개는 결국 인간까지 공격합니다. 근래에 당신들을 덮친 코로나바이러스, 에이즈, 조류 독감, 사스, 에볼라 같은 전염병이 어디서 생겨났다고 생각하세요? 벌목을 하고, 도시화를 추진하고,

생태계를 파괴하고, 생명을 해치면서 생겨난 겁니다… 생물다양성이 파괴되면 전염병은 늘어납니다. 연구자들이 이미 충분히 입증한 사실입니다.

게가 집게발을 까딱거린다　물론 이 행성을 당신들 입맛에 맞게 다룰 권한이 있다는 건 인정합니다. 모기나 쥐와 마찬가지로, 인간은 지구 전역에 퍼져 있는 몇 안 되는 생물종 중 하나니까요. 당신들의 생태계는 지구 전체입니다. 그리고 여느 동물과 같이 자신의 안전과 식량을 확보하는 게 우선순위죠. 그 권리는 우리도 인정합니다. 당신들의 생태계를 이끌어 갈 권리는요. 그렇지만 이를 넘어서선 안 됩니다. 우세종이 될 수는 있습니다. 파괴를 일삼는 종이 되어서는 안 됩니다. 사자는 자기 영역 안의 모든 걸 파괴하지 않습니다 ─ 상어라든가 수리부엉이도 마찬가지입니다. 결코 모든 걸 빼앗아 가지 않습니다. 기고만장하지 않아요. 주변을 아끼고 돌

봅니다. 반면에 당신들은… 당신들은 우리를 고통스럽게 합니다. 사자나 상어, 수리부엉이 같은 지혜조차 없죠.

풍뎅이가 학식을 뽐내는 말투로 말한다 우리는 인간보다 앞서 살아왔습니다. 압도적으로 많은 동물종이 인간보다 먼저 지구에 살고 있었습니다. 인간 종은 아주 어려요. 여전히 어린아이 정도죠.

쥐가 앞니를 씰룩거린다 모든 종은 살고, 변화하고, 끊임없이 바뀌는 지구 환경에 맞춰 적응합니다. 그러고는 사라지죠. 당신네 학자들이 깨달은 것처럼, 그 어떤 종도 영원하지 않습니다. 500만 년을 넘기는 경우가 드뭅니다. 당신들에게 남은 시간은 그만큼입니다. 무척 길고, 상상이 가지 않고, 어마어마한 시간 아닌가요? 그러니 당신들은 앞으로 살아갈 날이 창창한 세 살배기 꼬마에 불과하다는 겁니다. 우리들 가운데는, 지구 위에 사는 수백만 가지 생물종 가운데는, 인간처럼 길고 풍성한 삶을 앞둔 종들도 있습니다. 우리는 앞으로도 한참을 인간과 같이 살아가겠죠! 당신과 우리 모두 여기 같은 세상에서 말입니다… 그런데 어디 한번 보시죠. 300년도 채 지나지 않았는데, 당신들은 우리 앞에 펼쳐질 수 있는 모든 미래의 가능성을 훼손했어요. 인간종이 이제껏 살아온 시간에 비하면 아무것도 아닌 시간 동안, 당신들이 앞으로 살아갈 시간에 비하면 정말 아무것도 아닌 시간 동안 말이에요.

파리가 마이크를 향해 고개를 든다 대성당이야말로 가장 겸손한 부류라 할 수 있습니다. 진화를 거치며 세운 대성당이요. 아주 오래전부터 들인 노동, 수없이 많은 사람들이 수세기를 이어 가며 들인 노동의 결실이죠. 저는 그런 대성당입니다. 우리 모두가 대성당이고요.

고슴도치가 마이크까지 굴러온다 모두가 찾아오고 감탄하며, 찬찬히 뜯어보고 보존하는 대성당이죠. 그런데도 당신들은 우리를 쳐다보지 않고 무시합니다. 동물의 세계에서 당신들이 아는 건 그저 당신네 개와 소, 또 돼지와 금붕어뿐입니다. 도시에 틀어박혀 있느라, 문을 잠그고 차 안에만 들어가 있느라, 꼼짝 않고 화면만 쳐다보고 있느라 우리를 잊었어요. 우리가 함께 만들어 온 역사를, 우리가 공유하고 있는 역사를, 우리 모두가 태어났던 바다를 잊었어요. 이 지구 위에 당신들만 남게 된다면, 지옥도 그런 지옥이 어디 있을까요! 마치 자기 모습만 끝없이 비추는 거울처럼, 인간 말고 다른 생명체는 바라보지 않는 당신들만 남는다면 말이죠. 인간과 인간만이 마주 보고 갇혀 있다면 말이죠! 이렇게 지긋지긋한 일이 어디 있겠습니까!

해면이 책상 위로 미끄러진다 놀라운 일은 수도 없이 벌어졌지만, 앞으로도 기적 같은 일이 수도 없이 일어날 겁니다. 당신들이 살고 있는 세기에만, 이제 막 시작된 새천년에만 시선을 고정하지 마세요. 고개를 조금 더 들어 보세요. 생명은 아주 기나긴 이야기를 품고 있습니다. 아무리 못해도 30억 년 전 지구 위에서 시작되었고, 그만큼 오래도록 이어질 수 있어요.

인간이 되기 전 당신들은 백악기에 살던 태반 포유류인 원숭이였습니다. 그보다 훨씬 더 오래전, 그러니까 오직 바다만이 생명체를 품고 있던 시절에는 해면과 비슷한 모습을 하고 있었어요. 인간 중 하나인 철학자 바티스트 모리조 Baptiste Morizot는 음식에 소금을 치다가 바로 이 행동이 아득한 오래전을 보여 준다는 생각이 들었다고 얘기합니다. 인간이 그저 해면 속에 담긴 하나의 가능성에 불과했을 시절을 보여 준다는 거죠. 인간의 몸이 신진대사의 균형을 유지하려면 늘 소금이 필요한 까닭은, 몸의 70퍼센트가 물로 이루어진 까닭은, 그토록 오랫동안 바닷속에서 지냈던 기억 때문일 겁니다. 단순한 원시 해면이 수천 년이 흐른 뒤 호모 사피엔스로 거듭나리란 걸 누가 상상이나 할 수 있었겠어요?

잊지 마세요. 결코 끝나지 않는 진화가 흘러가다 보면, 오늘날 인간과 함께 살아가는 여러 종이 깜짝 놀랄 만한 후손을 만들어 낼 수도 있습니다. 어떻게 상상하지 않을 수 있겠어요? 당신들보다 훨씬 더 놀라운 종을 탄생시킬 거라고 말이죠? 어떻게 가장 원시적인 종 안에서 어마어마한 가능성을 보지 않을 수 있겠어요? 숱한 잠재력을 품고 있다고 말이죠? 그러니 어찌 이 종들을 하나하나 돌보지 않을 수가 있겠어요? 어찌 감히 그 종들을 계속 파괴하는 권리를 휘두를 수 있겠어요? 최초의 해면이 생겨났을 때 어떤 기적 같은 진화가 벌어질지 아무도 몰랐는데, 어떻게 종을 선별할 수 있겠어요?

다람쥐가 꼬리를 쫑긋 세운 채 잽싸게 내려온다 동물들은 인간과 똑같이 오묘한 운명을 나누고 있습니다. 우리는 모두 다 잠깐 지나가는 존재입니다. 우리 모두 다 영원하지 않다는 사실이야말로 거대한 생명의 법칙이라 생각합니다. 우리 삶의 그 어떤 것도 결코 그대로 머무르지 않을 것이며, 확정된 것이란 아무것도 없고, 확실한 것도 아무것도 없으며, 모두가 끊임없이 변화하고, 탈바꿈하고, 진화하고, 늘어나고, 쇠퇴하고, 죽습니다. 살아 있다는 건 언젠가는 죽어야만 한다는 뜻입니다. 인간은 이 사실을 알고 있죠. 이 사실을 아주 잘 알고 있기에 신과 저승도 만들어 냈습니다. 그리고 이제는 몇몇 인간이 기계 덕분에 죽음을 극복하게 되었다고 주장하는 지경에 이르렀죠. 이렇게 비참한 꿈을 꾼다는 건 당신들이 얼마나 깊은 혼란에 빠져 있는지를 보여 줍니다.

바다표범이 몸을 좌우로 흔들며 차분하게 마이크로 다가온다 언젠가 자기 삶이 끝나리라는 사실을 제대로 알고 있는 동물은 드뭅니다. 이 모든 생물이 사형 선고를 받았는데 미처 모르고 있다니, 마음이 흔들리지 않으세요? 이렇게 다르다는 걸 고려한다면, 여러분은 우리를 소중히 여겨야 하지 않을까요? 우리를 돌봐야 하지 않을까요?

동물 모두는 아직 아는 게 없는 어린아이나 마찬가지입니다. 삶과 죽음이라는 끔찍한 법을 아직 모르는 어린아이요. 서너 살 먹은 아이였을 적, 아버지나 어머니가 사람은 죽을 수밖에 없는 운명이라고 알려 줬던 때를 잊으셨나요? 그날 하염없이 흘렸던 눈물이 떠오르지 않으시나요? 당신들 삶은 죽음이라는 공포와 천국을 향한 희망에 사로잡혀 있습니다. 우린 이런 강박 관념을 외면하죠. 꼭 어린아이처럼 근본적인 무지 속에, 이 세상에 존재한다는 경이 속에 들어앉아 있습니다. 그러니 인간은 자기 아이들을 돌보듯 우리를 돌봐야 합니다.

우리는 서로 친구입니다. 우리 중에서 인간과 한통속이 될 한 줌의 종을 골라내지 말고, 개를, 고양이를, 말을 골라내지 말고, 모두를 아끼고 모두를 사랑하세요. 우리를 먹기도 하세요. 안 될 게 뭐가 있겠습니까. 당신들 몫의 양식을 우리 가운데서 취한다고 마음이 상하진 않습니다. 우리도 서로를 잡아먹는걸요. 그리고 몇몇은, 뱀이나 곰이나 호랑이는 이따금 당신들을 공격하니까요. 하지만 거의 대부분은 인간을 노리지 않고, 위협하지 않고, 공격하지 않습니다. 우리를 사냥하고 도살장에 끌고 가는 건 바로 당신들입니다. 우리는 인간을 단 한 명도 울타리 안에 가두지 않고, 냉동실에 집어넣지 않고, 일상적인 식사거리로 삼지 않습니다. 우리는 당신들과 같이 잘 어울려 살 수 있을 거예요.

울새가 가만히 멈춰 선다 그런데 인간이 어떻게 우리와 협정을 맺을 수 있다는 거죠? 당신들 사이에서도 다툼이 끊이질 않는데 말입니다. 동족을 지배하겠다는 욕망에 끊임없이 사로잡혀 있잖아요. 힘과 권력을 떠받들고, '아무것도 아닌 것'은 우습게 여기고요.

제가 이렇게 말씀드리는 바로 이 순간, 얼마나 많은 전쟁이 벌어지고 있으며 얼마나 많은 박해와 학살이 벌어지고 있을까요? 열 번, 스무 번, 백 번일까요? 이른바  '적'을 겨냥하고 있는 핵미사일은 몇 개나 될까요? 또 다른 히로시마가 될 가능성이 있는 곳들은 얼마나 될까요? 당신들은 지하 미사일 발사 기지에 인류 전체를, 또 우리까지 함께 몰살할 무기를 쌓아 뒀습니다. 신의 이름으로, 아니면 진보나 자유의 이름으로 계속 서로를 죽이죠. 이 세상에 있는 모든 자원을, 석유, 가스, 금, 코발트, 그리고 그 밖에 땅에 묻혀 있는 모든 것을 놓고 싸우고 있어요. 또 물, 씨앗, 좋은 땅, 숲처럼 지표면에 보이는 모든 것을, 우주, 달, 화성처럼 머리 위에 있는 모든 것을 놓고 다투는 데 정신이 팔려 있습니다. 대체 어떻게 해야 당신들이 뜻을 모을 수 있을까요? 당신들이 우리를 이 끝없는 전쟁에 몰아넣지 않게 하려면 말입니다.

늑대가 이빨을 드러낸다　인간은 자신과 다른 피부, 언어, 성별, 신을 지닌 사람이 딱 한 명만 있어도 맞서 싸웁니다.

그 모든 다른 것을 향해, 도무지 믿을 수 없고 극단적이며 끊임없는 공격성을 드러냅니다. 이렇게나 낯설고 다르며, 똑같은 피부와 똑같은 언어도 지니지 않고, 심지어 세상을 살아가는 방식도 판이하며 당신들의 신도 믿지 않는 우리를 대체 어떻게 가만히 놔둘 수 있겠습니까? 적어도… 적어도 우리를 보호한다는 단순한 사실에 눈뜨지 않는 한, 차이를 받아들이겠다고 인정하지 않는 한 그럴 수 없을 겁니다.

또 다른 늑대가 웃음을 짓는다. 이번에는 하얀 늑대다 기억이 나실 겁니다. "나에게는 꿈이 있습니다…."*

---

* 흑인 인권 운동가 마틴 루터 킹의 명연설 제목

거북이 한 마리가 아주 근엄하게 마이크로 다가온다 우리는 새로운 동맹을 맺고, 새 계약서에 서명을 하고, 새로운 조약을 체결해야 합니다. 우리에겐 계약이 필요합니다. 이지구에서 함께 살아가는 법을 배워야 합니다. 어쩌면 아예 새롭게 배워야 합니다. 생명이라는 이 기적을 공유하는 법을 말이죠. 서로가 서로를 존중하고, 이를 끊임없이 쇄신하며, 조율하고 또다시 조율하는 법을요.

우리는 평화를 일구고 공동의 미래를 추구하기를 제안합니다. 서로를, 우리 스스로를 존중하자고 말이죠. 당신들을 보살피고 또 당신들 손으로 불행을 자초하지 말기를 요청합니다. 그게 곧 우리에게도 불행이기 때문만이 아니라, 우리가 당신들과 연결되어 있기 때문입니다.

인간이 가장 훌륭한 종이라는 걸 알고 있어요. 인식의 영역에서 가장 멀리까지 모험을 떠나고, 불을 다루고, 사랑을 담아 편지를 쓰고, 달까지 갈 줄 아는 종이죠. 모차르트와 레너드 코언Leonard Cohen, 페르메이르Vermeer와 카뷔Cabu,[*] 호메로스와 랭보를 탄생시킨 종이고 《돈키호테》와 《로빈 후드》를 만들어 낸 종입니다.

우린 당신들이 이루어 낸 기나긴 업적과 발견을 잘 알고 있고, 영웅적인 행동도 알고 있으며 당신들이 만든 피타고라스 정리와 아인슈타인 방정식, 인권 선언문, 〈체리가 익어 갈 무렵〉[**]을 부러워합니다. 뭐니 뭐니 해도 엘로이즈Héloïse[***]와 아벨라르Abélard를, 뭐니 뭐니 해도 트리스탄Tristan과 이졸드Isolde[****]를, 뭐니 뭐니 해도 로미오와 줄리엣을요.

인간은 높디높은 사랑의 기술을 갖고 있습니다. 우리가 결코 이를 수 없었던 높은 경지죠. 꿈이라는 수준 높은 기술이자 힘을 가지고 있습니다. 이 꿈이 당신들을 별에 데려가고,

---

[*] 레너드 코언은 캐나다의 시인이자 가수, 페르메이르는 〈진주 귀고리를 한 소녀〉를 그린 네덜란드 화가, 카뷔는 프랑스의 만화가다.

[**] 〈Le Temps de Cerises〉라는 노래 제목 ― 역자 주

[***] 12세기 파라클레 대수도원의 수녀원장. 뛰어난 학식과 성품으로 유명했으며 저명한 신학자 아벨라르의 제자이자 연인이었다.

[****]켈트인의 전설을 바탕으로 한 연애 이야기의 두 주인공. 그들의 강렬하고 아름다운 사랑과 죽음은 서구 연애 문학의 전형이 되었다.

의식 속 아주 깊은 곳까지 데려가죠.

당신들은 언어를 발명해 냈어요. 무기가 내는 소리를 멎게 하는 게 언어의 궁극적인 목표죠. 이 재판이 벌어지는 동안 당신들은 우리가 언어를 쓰도록 빌려줬고, 이제 우리는 언어를 잊을 거예요. 우리는 다시 침묵할 겁니다. 울음소리와 노랫소리로, 날카로운 소리와 지저귐으로, 사슴의 울음소리와 까치의 울음소리로, 양의 울음소리와 새가 재잘대는 소리로, 꼬꼬댁거리는 소리와 꿀꿀거리는 소리로 돌아갈 겁니다. 한 마디로 우리 각자의 언어로요. 우리는 우리의 땅굴과 은신처로, 하늘과 나뭇가지로, 강과 동굴 바닥으로 돌아갈 겁니다. 당신들이 말씀할 차례입니다. 우리는 기다리고 있겠습니다.

그리고 동물들은 집으로 돌아간다.

참고문헌

수리부엉이

Jacques Grosjean, *Le Hibou grand-duc*(수리부엉이), Lechevalier, 1976.

Observatoire rapaces, observatoire-rapaces.lpo.fr.

Pierre Morency, *L'OEil américain*(미국의 눈), Boréal/Seuil, 1989.

담비

Fernand Bruneau, "La martre, redoutable carnassier(가공할 만한 육식 동물, 담비)", *Naturalia* n° 112, 1963.

Pierre Déom, "Le dossier secret des animaux malfaisants et nuisibles(해롭고 유해한 동물들에 관한 기밀문서)", *La Hulotte* n° 44, 1979.

Michel Labrid, Marie-Claude Germain et Monique Madier, "Les martres(담비)", *Vie sauvage, encyclopédie Larousse des animaux* n° 120, 1992.

Jean-François Noblet, *La Martre*(담비), Éveil nature, 2002.

Unapaf, www.unapaf.fr/predateurs/la-martre.

갯지렁이

AFP, "En Bretagne, on élève des millions de vers marins pour leurs vertus médicinales(영국에서는 의료 목적으로 갯지렁이 수백만 마리를 기른다)", *La Dépêche*, 20 juin 2017.

Stéphanie Benz, "Les vers marins, donneurs universels du sang du futur(미래의 보편적인 혈액 기부자, 갯지렁이)", *L'Express*, 12 novembre 2017.

Andrew C. Campbell et James Nicholls, *Guide de la faune et de la flore littorales des mers d'Europe*(유럽 연안 동물상 및 식물상 가이드), Delachaux et Niestlé, 1986.

Pascale Paoli-Lebailly, "Transplantation d'organes: Hémarina lève 8 millions d'euros(장기 이식: 에마리나가 800만 유로를 투입하다)", *La Tribune*, 5 mai 2017.

Frédéric Ziemski, Patrick Scaps et Yves Müller, "Arénicole(갯지렁이)", fiche Doris n° 577, 21 janvier 2021.

유럽칼새

Pierre Déom, "Le martinet(유럽칼새)", *La Hulotte* n° 13, 1985.

Charles Foster, *Dans la peau d'une bête*(짐승 가죽 아래서), JC Lattès, 2017.

Lionel Frédéric, *Le Martinet noir*(유럽칼새), Éveil éditeur, 1994.

Gérard Gory, "Le martinet noir, un oiseau social(사회적인 조류, 유럽칼새)", *Pour la science* n° 321, 30 novembre 1999.

Jean-Luc Porquet, "L'oiseau qui dort en volant(날면서 자는 새)", *Sciences et Avenir*, mai 1994.

Gilbert White, *Histoire naturelle de Selborne*(셀본의 자연사), 1789, Le Mot et le Reste, 2011.

멧돼지

Collectif Éditions du Markhor, *Un Sanglier à la maison. Quatre ans d'observation et de vie quotidienne*(집에서 사는 멧돼지. 4년간의 관찰과 일상), Markhor, 2009.

Jean-Jacques Brochier et Jean-Pierre Reder, *Anthologie du sanglier*(멧돼지 선집), Hatier, 1988.

"Sanglier. Notre star préférée!(멧돼지. 우리가 가장 사랑하는 스타!)", *Le Chasseur français* hors-série n° 102, 2019.

Pierre Déom, "La compagnie des bêtes noires(검은 짐승의 동료)", *La Hulotte* n° 23, 1985.

Pascal Étienne, *Le Sanglier*(멧돼지), Delachaux et Niestlé, 2003, 2016.

"Plan national de maîtrise du sanglier(전국 멧돼지 길들이기 계획)", ministère de l'Écologie, de l'Énergie, du Développement durable et de la Mer, 2009.

들북살모사

Jean-Pierre Baron, "Régime et cycles alimentaires de la vipère d'Orsini au mont Ventoux (France)(프랑스 방투산 들북살모사의 식생활과 섭식 주기)", *Revue d'écologie* (La Terre et la Vie) vol. 47, p. 287~311, 1992 ; *Démographie et dynamique d'une population française de Vipera ursinii ursinii*(인구 통계와 프랑스 들북살모사 개체 수의 역학), thèse de doctorat, École pratique des hautes études, 1997.

Marc Cheylan, "Où en est la protection de la vipère d'Orsini en France?(프랑스 들북살모사 보호, 어디에 와 있는가?)", *Revue scientifique Bourgogne-Nature*, 2013.

Natura 2000, "Conservation des populations françaises de Vipère d'Orsini(프랑스 들북살모사 개체 수 보존)", programme Life 2006~2011.

Hélène Lisse, Aurélien Besnard, Julie Rigaux, Anne-Laure Ferchaud et Arnaud Lyet, "État des populations de Vipère d'Orsini(들북살모사 개체 수 현황)", *Nature de Provence*, revue du CEN PACA, n° 1, 2012.

"Plan national d'actions en faveur de la vipère d'Orsini 2012~2016(들북살모사를 위한 2012~2016 전국 활동 계획)", ministère de l'Écologie, du Développement durable et de l'Énergie, 2012.

붉은제독나비

Jean-Yves Cordier, "Zoonymie du papillon Vulcain, Vanessa atalanta(붉은제독나비의 동물명학)", www.lavieb-aile.com, 10 juillet 2013.

Cécile Dumas, "Les papillons migrateurs ont le sens de l'orientation(이동성 나비는 방향 감각을 지니고 있다)", www.sciencesetavenir.fr, 8 février 2010.

Tristan Lafranchis, David Jutzeler, Jean-Yves Guillosson, Pieter et Brigitte Kan, *La Vie des papillons. Écologie, biologie et comportement des rhopalocères de France*(나비의 생애. 프랑스 나비의 생태, 생물학 및 행동), Diatheo, 2015.

Patrice Leraut, *Où les papillons passent-ils l'hiver?*(나비는 어디서 겨울을 보낼까?), Quæ, 2012.

Antoine Lévêque, "Étude des migrations de papillons en France(프랑스 나비의 이동 연구)", *Insectes* n° 128, 2003.

Natureparif et Opie, "Liste rouge régionale des rhopalocères et zygènes d'Île-de-France(일드프랑스 지역 나비와 알락나방의 적색 목록)", Région Île-de-France, novembre 2016.

Jean-Philippe Paul, "Les prouesses des vanesses(큰멋쟁이나비의 특이한 행동)", *La Salamandre* n° 222, juin-juillet 2014.

여우

Association pour la protection des animaux sauvages, "5 motions pour protéger les renards(여우를 보호하는 다섯 가지 활동)", www.aspas-nature.org, 2017.

Denis-Richard Blackbourn, *Le Renard roux*(붉은여우), Éveil nature, 1999.

Pierre Déom, "Les aventures peu recommandables du virus rabique(달갑지 않은 광견병 바이러스의 여정)", *La Hulotte* n° 32, 1996 ; "Les malheurs de Goupil(여우의 불행)", *La Hulotte* n° 33~34, 1996.

Loïc Chauveau, "Qui veut la peau du renard?(누가 여우의 가죽을 탐하는가?)", www.sciencesetavenir.fr, 3 décembre 2017.

Gilbert Anscieau, *Le Familier de la nature*(자연의 벗), Les Presses d'Île-de-France, 1946.

Robert Barbault, *Un éléphant dans un jeu de quilles. L'homme dans la biodiversité*(볼링장의 코끼리. 생물 다양성 속의 인간), Seuil, 2006.

Franz Broswimmer, *Une brève histoire de l'extinction en masse des espèces*(생물의 대규모 멸종에 관한 간략한 역사), Agone, 2010.

Raphaël Billé, Philippe Cury, Michel Loreau, Virginie Maris, *Biodiversité : vers une sixième extinction de masse*(생물 다양성: 여섯 번째 대멸종을 향해서), La Ville Brûle, 2006.

Bruno David, *À l'aube de la 6ᵉ extinction*(여섯 번째 대멸종의 시작), Grasset, 2021.

Robert Delort, *Les Animaux ont une histoire*(동물들에겐 역사가 있다), Seuil, 1984.

Vincent Devictor, *Nature en crise*(위기에 처한 자연), Seuil, 2015.

Stéphane Durand, *20 000 ans ou la grande histoire de la nature*(2만 년, 또는 자연의 위대한 역사), Actes Sud, 2018.

Elisabeth de Fontenay, *Le Silence des bêtes*(짐승들의 침묵), Fayard, 1998.

Chantal Knecht, *Animalement vôtre. Procès d'animaux, histoires d'hommes*(동물하는 당신에게. 동물의 소송, 인간의 역사), Pourquoi viens-tu si tard?, 2011.

Elizabeth Kolbert, *La 6ᵉ extinction. Comment l'homme détruit la vie*(여섯 번째 대멸종. 인간은 어떻게 생명을 파괴했는가), La librairie Vuibert, 2015.

Richard Leakey et Roger Lewin, *La Sixième extinction. Évolution et catastrophes*(여섯 번째 대멸종. 진화와 재앙), Flammarion, 1997.

Aldo Leopold, *Almanach d'un comté des sables*(모래 백작의 예언), Aubier, 1995.

Dominique Lestel, *Nous sommes les autres animaux*(우리는 또 다른 동물이다), Fayard, 2019.

Virginie Maris, *Philosophie de la biodiversité. Petite éthique pour une nature en péril*(생물 다양성 철학. 위험에 처한 자연을 위한 작은 윤리학), Buchet/Chastel, 2010.

Baptiste Morizot, *Manières d'être vivant*(생명의 방식), Actes Sud, 2020.

François Moutou, *Et si on pensait aux animaux?*(만약 우리가 동물을 생각했다면?), Le Pommier, 2018.

Jocelyne Porcher, *Vivre avec les animaux*(동물과 함께 살아가기), La Découverte, 2011.

Jean-Luc Porquet, *Lettre au dernier grand pingouin*(마지막 큰바다쇠오리에게 보내는 편지), Verticales, 2016.

Jean-Marc Sérékian, *Les Animaux nuisibles. Boucs émissaires de la République des privilèges*(유해 동물. 특권을 누리는 공화국의 속죄양), Sang de la Terre, 2014.

François Terrasson, *La Peur de la nature*(자연의 두려움), Sang de la Terre, 1988, réédition 2007 ; *La Civilisation anti-nature*(반-자연 문명), Éditions du Rocher, 1994 ; *En finir avec la nature*(자연을 끝장내다), Sang de la Terre, 2008.

감사합니다

너그러운 마음과 과학적인 시선으로 읽어 준 마리안 엘리아스와 파스칼 타시에게. 사려 깊은 조언을 준 엘리 포르케에게. 응원해 준 안크리스트 라베르뇰과 사만타 라베르뇰에게. 강단 있는 열정을 보여 준 에마뉘엘 하이직에게. 나를 맞이해 준 편집자, 소피 카이야와 빅투아르 네로에게.

모든 것을(심지어 그 이상의 것까지도) 이본에게 감사합니다.